Behinderung – Selektionsmechanismen und Integrationsaspirationen

herausgegeben
von

Vera Moser

mit Beiträgen von

Julia Roderburg
Melanie Oswald
Yvonne Büter

Johann Wolfgang Goethe-Universität
Frankfurt am Main 2003

Frankfurter Beiträge zur Erziehungswissenschaft
Reihe Kolloquien

im Auftrag des Vorstandes
des Fachbereichs Erziehungswissenschaften
der Johann Wolfgang Goethe-Universität
herausgegeben von
Frank-Olaf Radtke

© Fachbereich Erziehungswissenschaften der
Johann Wolfgang Goethe-Universität
Frankfurt am Main 2003

Hergestellt: Books on Demand GmbH

Bibliografische Information Der Deutschen Bibliothek

Die Deutsche Bibliothek verzeichnet diese Publikation in der Deutschen
Nationalbibliografie; detaillierte bibliografische Daten sind im Internet über
http://dnb.ddb.de abrufbar.

ISBN 3-9806569-9-3

Inhaltsverzeichnis

Vorwort des Reihenherausgebers   5

Einleitung

Vera Moser
    Sonderpädagogik als sich selbst beobachtende Disziplin   7

Julia Roderburg
    Schulische Integration behinderter Kinder und Jugendlicher im
    Spannungsfeld zwischen Gleichheit und Verschiedenheit   13

Melanie Oswald
    Mechanismen der Diskriminierung von Migrantenkindern im
    Regelschulsystem   41

Yvonne Büter
    Behinderung als Dispositiv in der Pädagogik   89

Zu den Autorinnen   116

Vorwort des Reihenherausgebers

Der Fachbereich Erziehungswissenschaften will seine Reihe „Frankfurter Beiträge zur Erziehungswissenschaft" künftig dazu nutzen, nicht nur Einblick in seine Forschungs- und Tagungsaktivitäten zu geben, sondern auch die Ergebnisse seiner Ausbildungsanstrengungen sichtbar zu machen. Mit dem vorliegenden Band werden in gekürzter Form drei herausragende Staatsexamensarbeiten publiziert, die, angeleitet von Vera Moser, am Institut für Sonderpädagogik in den Jahren 2000 und 2001 im Rahmen der Lehrerausbildung vorgelegt worden sind. Ihre Veröffentlichung ist als Anerkennung der wissenschaftlichen Leistungen der Kandidatinnen gedacht.

Die Arbeiten stützen sich auf empirische Forschungsergebnisse, die am Fachbereich erarbeitet worden sind, und demonstrieren damit die Angewiesenheit von Qualifikationsprozessen auf eine enge Verknüpfung von Forschung und Lehre. Ihre Dokumentation soll eine Alternative zu bloß quantifizierenden Formen der Evaluation von Ausbildungsgängen eröffnen. Sofern das Ziel universitärer Lehrerausbildung die wissenschaftlich gebildete Praktikerin ist, die nicht nur weiß, was man über das eigene Berufsfeld wissen kann, sondern die auch noch über Reflexions- und situatives Beurteilungsvermögen verfügt, also weiß, was sie tut, kann sich die Ausbildung eben nicht in der Vermittlung approbierter Lösungen für bekannte Probleme erschöpfen, sondern muß die künftigen Professionellen in die Lage versetzen, die eigene Praxis in ihrem sozialen und politischen Kontext mit avancierten Theoriemitteln zu durchdenken. Die hier vorgelegten Arbeiten sind ein Beleg dafür, wie Theorieangebote in der Aneignung durch Studierende praktische Relevanz erlangen.

Frankfurt am Main im April 2003   Frank-Olaf Radtke

Vera Moser

Einleitung

Sonderpädagogik als sich selbst beobachtende Disziplin

Die sonderpädagogische Disziplin hat sich als eigenständiger Wissenschaftszweig innerhalb der letzten dreißig Jahre an den bundesdeutschen Universitäten etabliert. Sie ist demnach eine noch recht junge Wissenschaft, obgleich ihre Traditionslinien bis in die Mitte des 19. Jahrhunderts zurückreichen.

Zur Kennzeichnung einer wissenschaftlichen Disziplin gelten nach Rudolf Stichweh folgende Aspekte: ein größerer, aber homogener Kommunikationszusammenhang von Forschern (*scientific community*), ein auch in Lehrbüchern dokumentierter Wissenschaftskorpus, mehrere problematische Fragestellungen, geteilte Forschungsmethoden sowie eine spezifische Karrierestruktur zur Rekrutierung des Nachwuchses.[1]

Sonderpädagogik als Disziplin verfügt ansatzweise über eine derart ausdifferenzierte Struktur erst seit der Einführung eines grundwissenschaftlichen Studiums an den hiesigen Hochschulen in den 1970er Jahren. Und erst mit diesem Stadium der eigenen Etablierung kann auch von einer Perspektive der Selbstbeobachtung gesprochen werden, die zunächst in einer Auseinandersetzung um eine spezifische wissenschaftliche Orientierung begann. Hier ging es um drei konkurrierende Hauptströmungen innerhalb der sonderpädagogischen Disziplin: die geisteswissenschaftliche Tradition der Schweizer Heilpädagogik (Heinrich Hanselmann, Paul Moor, Urs Haeberlin, Emil E. Kobi), sogenannte ‚realwissenschaftliche Ansätze‘ im Anschluss an die Arbeiten Ulrich Bleidicks sowie materialistische Orientierungen (als wesentliche Vertreter gelten Wolfgang Jantzen, Georg Feuser).

Die Auseinandersetzung um die ‚richtige‘ wissenschaftstheoretische Grundausrichtung hat dabei den eigenen Blick auf die Einheit der Disziplin in den Hintergrund treten lassen. Dennoch lassen sich

---

1 Vgl. Rudolf Stichweh: Wissenschaft, Universität, Professionen. Soziologische Analysen. Frankfurt 1994, S. 17

folgende Disziplinmerkmale festhalten, die den eigenen Wissenschaftscharakter bestimmen, und zwar in erster Linie eine an einer spezifischen Klientel (‚Behinderte‘) ausgerichtete Pädagogik. Weitere Gemeinsamkeiten lassen sich in einer starken Praxisorientierung finden, einer deutlichen Akzentuierung der ethischen Rahmung sonderpädagogischen Handelns sowie einer expliziten Betonung des Individuums als Ausgangspunkt sonderpädagogischer Interventionen.

Die zur Zeit behandelten ‚problematischen Fragen‘ betreffen nicht nur methodische Strategien, sondern vor allem auch die Frage nach dem Behinderungsbegriff, der als negatives Etikett nicht nur stigmatisierende Folgen nach sich zieht, sondern auch dazu tendiert, soziale Problemlagen als individuell-anthropologische auszuweisen – früh setzte hier zum Beispiel die Kritik an Ulrich Bleidicks Entwurf einer ‚Anthropologie des Behinderten‘ an. Weiterhin beschäftigt die Disziplin die Frage, inwiefern die Akzentuierung der besonderen Intervention Exklusionsprozesse befördert, obgleich soziale Rehabilitation, schulische und gesellschaftliche Integration angestrebt wird.

Mit diesen Fragen hat dich die Disziplin eine Perspektive der Selbstbeobachtung eröffnet, die nicht nur die eigene Theoriebildung immanent befragt, sondern auch die Folgen sonderpädagogischen Handelns als erziehungswissenschaftliche Beobachtungsperspektive aufnimmt. Damit verfolgt auch die sonderpädagogische Disziplin eine allmähliche ‚Versozialwissenschaftlichung‘ ihres Gegenstandes.

Die in diesem Band vorgelegten Beiträge nehmen die genannten Fragehorizonte nach dem Behinderungsbegriff und den negativen Exklusionseffekten sonderpädagogischen Handelns bezogen auf das Feld Schule mit drei unterschiedlichen Akzentsetzungen auf:

Der Beitrag von Julia Roderburg „Schulische Integration behinderter Kinder und Jugendlicher im Spannungsfeld zwischen Gleichheit und Verschiedenheit" konfrontiert die pädagogischen Postulate einer Anerkennung von Verschiedenheit bei gleichzeitiger Sicherung von ‚Gleichheit‘ mit der bildungssoziologischen Erkenntnis einer folgenreichen Homogenisierungs- und Selektionstendenz im Erziehungssystem. Die sonderpädagogische Bearbeitung dieses Problems geht in der Forderung nach Anerkennung und Sicherung von Heterogenität auf, und zwar vielfach auf der Ebene einer pädagogischen Programmatik im Sinne einer ethischen Selbstverpflichtung.

Dass vor dem Hintergrund dieser anerkennungsphilosophischen Position auch ,Behinderung' zu einer sperrigen Fixierung des Differenten beiträgt, ist dabei ein tradiertes Problem, welches in der eigenen Operationalisierung besonderer Pädagogiken begründet liegt, die an eine aus dem ausgehenden 19. Jahrhundert übernommene besondere Klientelzuschneidung (,Behinderung') anknüpft.

Auf der anderen Seite, so Roderburg, lässt sich bildungssoziologisch nachweisen, dass das bundesdeutsche Schulsystem in starkem Maße auf Vereinheitlichung bzw. Homogenisierung setzt, um Selektion überhaupt realisieren zu können. Gleichheit und Verschiedenheit sind vor diesem Hintergrund nicht primär abstrakt-philosophische Fragestellungen, sondern treten hier als Strukturprobleme demokratischer Bildungsinstitutionen auf, denn in diesem Kontext scheint auch die Sonderschule auf der Funktionsebene dem Selektionsprinzip zu dienen, wenn Verschiedenheit der Gleichheit vorangestellt wird.

Demzufolge kann eine sonderpädagogische Theorie, die dem Integrationsgedanken verpflichtet ist, nicht lediglich eine anerkennungsphilosophische Perspektive des Differenten auf der Ebene der Interaktion stark machen, sondern muss den Behinderungsbegriff aus einer individualisierenden, anthropologischen Fassung herauslösen, um das institutionelle Dilemma der Selektion ausreichend bearbeiten zu können – um sich damit auch wieder auf Gleichheit im Sinne von Chancengleichheit beziehen zu können. Sonderpädagogische Theorie kommt demzufolge ohne eine auf das Erziehungssystem bezogene Perspektive nicht aus. Dabei gilt es auch, diese im Zentrum bildungssoziologischer Forschungen anzusiedeln, weil ,Integration' auf den Kern der Funktionsseite des Erziehungssystems zielt, wenn sie als Minimalforderung die Minderung von Selektion anstrebt. Andernfalls realisiert sich integrative Förderung als weiteres Standbein innerhalb der vorfindlichen Institution Schule, wie die Praxis bereits vielfach zeigt.

Auf der Ebene des Programms ließe sich dann, so Roderburg, eine anerkennungsphilosophische Position zum Beispiel im Bereich von Schulentwicklungskonzepten implementieren unter der Fragestellung: Was macht eine gute Schule aus?

Einen zweiten Beitrag zum Problem der sonderpädagogischen Selbstreflexion liefert Melanie Oswald mit der Frage nach den „Mechanismen der Diskriminierung von Migrantenkindern im Regelschulsystem. Die Schule für lernbehinderte Kinder als Schule für Migrantenkinder?". Auch hier wird an eine soziologische Analyse des Bildungssystems angeknüpft, die den immanenten Selektionsmechanismus als Form institutioneller Diskriminierung ausweist. Entwickelt wurde diese Problemsicht entlang der auffälligen Überrepräsentation von Migrantenkindern in den unteren Bildungsgängen (Haupt- und Sonderschulen).

Mit Rückgriff auf die systemtheoretischen Beschreibungen des Selektionseffekts des Erziehungssystems lässt sich nachweisen, dass Funktionssysteme einerseits durch eine spezifische Kommunikation (hier bessere und schlechtere Lernleistungen) Komplexität reduzieren und andererseits an die aus der europäischen Aufklärung tradierten Semantiken der Gleichheit und Freiheit anknüpfen. Dabei erscheint nun Selektion zugleich als notwendig und gerecht, wenn sie aufgrund unwiderruflich persönlicher Merkmale der Leistungsunterschiedenheit bei institutioneller Gleichbehandlung (gleicher Schulanfang, gleiches Alter, gleicher Lehrstoff, gerechte Notenvergabe etc.) selegiert. Die Frage nach der Gerechtigkeit der Selektion tritt erst dann in den Blick, wenn bestimmte Personengruppen überproportional häufig in bestimmten Bildungsgängen wiederzufinden sind. Dahinter steckt das Phänomen, dass die Unterschiedenheit der Individuen als je individuelles Problem verortet wird und nicht als Postulatsproblem des Systems selbst; die Ausgangshypothese der Gleichheit aller Schulanfänger rückt hier in die Kritik.

Am Beispiel der Kinder aus Migrantenfamilien lässt sich die Differenzkonstruktion auf Seiten des Systems plastisch rekonstruieren, nämlich in der Begründung der individuellen Differenz mit Verweis auf kulturelle Determinanten. Damit symbolisiert das kulturell Andere die vorgeblich dem System vorgelagerte individuelle Differenz. Gleiches lässt sich für das Symbol ‚Behinderung' übertragen: Auch hier wird auf die angenommene außersystemische Besonderheit abgezielt, um Selektionsentscheidungen treffen zu können, die damit dann nicht mehr in der Verantwortung des Systems selbst liegen. Mit Praktiken institutioneller Diskriminierung werden diese Entscheidungen legitimiert – Selektionen werden, wenn auch subtil, entlang individualisierter Schemata wie kultureller Herkunft oder anthropologischer Konstrukte (‚Behinderung') begründet. Sie bilden die Basis für die Prognose und Bewertung schulischer Leistungen. Den Bezug auf Lernbehinderung illustriert Melanie Oswald auch in einem kurzen historischen Exkurs anhand der Konstruktion des Hilfsschülers. Mit der Kategorie Lernbehinderung wird – und dies lässt sich auch mit der jüngst erschienenen PISA-Studie belegen – sozio-kulturelle Herkunft zum Selektionsmerkmal und diese in Folge reproduziert.

Mit Bourdieu folgert Oswald, dass das Erziehungssystem ein spezifisches Kulturkapital jenseits einer deutschen Mittelstandsnorm ausschließt. Dass solche Selektionsentscheidungen für das Individuum allerdings biographisch gravierend sind, liegt auf der Hand.

In der Konsequenz habe die Sonderpädagogik die immanente Selektionslogik des Erziehungssystems aufzunehmen, um die eigenen Kategorien, wie z. B. Lernbehinderung, als hierzu komplementäre Semantiken zu erkennen. Insofern sind diese als vom System selbst erzeugte Größen zu werten und nicht als dem Individuum anzulastende anthropologische Merkmale.

Der dritte Beitrag dieses Bandes „Behinderung als Dispositiv in der Pädagogik" knüpft an die Frage der Semantik der Disziplin an und zwar an den Behinderungsbegriff in seiner dichotomischen Konstruktion gegenüber Nicht-Behinderung. Anhand einer Schulbuchanalyse untersucht Yvonne Büter die Verwendung der Kategorie ‚Behinderung' und schließt dabei theoretisch an die Bedeutung des Dispositivs als einem Ensemble von Bedeutungszusammenhängen im Sinne Foucaults an. Einem Dispositiv – hier dem Behinderungsbegriff – kommt dabei die Funktion zu, soziale Bedeutungen in einem spezifischen Machtfeld zu erzeugen und zu transportieren, welches dabei das Bedeutsame von dem Unbedeutsamen trennt. Dadurch wird zugleich ein Normalfeld abgesteckt, also Normalität erzeugt. Vor dem Hintergrund eines Multiplikators, wie es das Schulbuch darstellt, können hier Wege der auch intentionalen Wissenserzeugung und Bedeutungszuschreibung verfolgt werden.

Am Beispiel der Darstellung und Kommunikation von Behinderung in den untersuchten Schulbüchern zeigt Yvonne Büter, dass die Verwendung der Kategorie Behinderung immer nur als Kontrastfolie zu Nicht-Behinderung verwendet werden kann. Dies steht allerdings der gleichzeitigen Intention der untersuchten Schulbuchtexte im Weg, soziale Integration erzielen zu wollen, denn offenbar scheint die beabsichtigte Integration das Wissen um Behinderung immer erst vorauszusetzen. Insofern kann als Subtext nachgewiesen werden, dass die Differenz ‚behindert/nicht-behindert' unter der Hand zu ‚integrierbar/nicht-integrierbar' ausdifferenziert wird. Dieses Problem wird – und hier finden sich in der sonderpädagogischen Theoriebildung Analogien – mit einem ethischen Appell wieder zurückgenommen, nämlich mittels des explizierten Lernziels, den Anderen als Anderen anzuerkennen. Allerdings bleibt der Andere hier abstrakt, ist nur als Symbol dargestellt, und wird mit Behinderung identifiziert. Auf diese Weise – so Büter – entsteht eine symbolische, generalisierbare Normalitätskonstruktion, die bei der Differenz ‚behindert/nicht-behindert' beginnt, um diese in ‚integrierbar/nicht-integrierbar' zu transformieren.

Die vorliegenden Beiträge verweisen hier aus unterschiedlichen Perspektiven auf die Relevanz des Behinderungsbegriffes innerhalb der sonderpädagogischen Theoriebildung und der Organisation sonderpädagogischen Handelns. Sie verstehen sich insofern als Beiträge zu einer Selbstaufklärung der Disziplin Sonderpädagogik im Sinne einer Selbstbeobachtung und knüpfen an die gegenwärtige Diskussion um die Weiterentwicklung sonderpädagogischer Theoriebildung unmittelbar an. Dass dabei das Dilemma des Behinderungsbegriffes im Kontext von Inklusions- und Exklusionsprozessen im Zentrum steht, ist anhand der hier versammelten Beiträge einsichtig.

Einer hier dokumentierten erziehungswissenschaftlichen Perspektive kommt weniger die Aufgabe zu, normative Leitbilder zu entwerfen, als vielmehr Reflexionsfolien bereitzustellen, um pädagogisch relevante handlungsbezogene Orientierungen zu rekonstruieren und zu überprüfen.

Für die Erstellung dieses Bandes gilt es besonders Maren Hullen und Birgit Fischer zu danken, die mit großem Einsatz die redaktionellen Arbeiten übernommen haben. Außerdem möchte ich dem Herausgeber dieser Reihe, Frank-Olaf Radtke, für die motivierende Unterstützung dieses Vorhabens danken.

Julia Roderburg

Schulische Integration behinderter Kinder und Jugendlicher im Spannungsfeld zwischen Gleichheit und Verschiedenheit

1. Recht auf Gleichheit – Recht auf Differenz

„Wir werden zu keiner Gesellschaft Ja sagen dürfen, die nicht versteht, was ihr selbst die Schwachen in ihrer Mitte bedeuten" (von Weizsäcker 1992, S. 23).

Hat sich die hier zum Ausdruck kommende Forderung nach einer Anerkennung von Schwachen, d. h. von Verschiedenheiten, Minderheiten, abweichenden und ausgegrenzten Gruppen nicht bereits bewahrheitet angesichts einer pluralen Gesellschaft, die gekennzeichnet ist durch eine große Vielfalt und Unterschiedlichkeit an Lebensauffassungen? Die Anerkennung von Verschiedenheiten ist mit der Phase der Pluralisierung zweifelsohne gestiegen. Nur es fehlt, und das ist der wesentliche Aspekt, an der Gemeinsamkeit der Verschiedenen. Bei aller Akzeptanz von Differenz ist immer auch nach gemeinsamen Bezugspunkten zu fragen.

Der sich so abzeichnende Konflikt zwischen dem *Recht auf Gleichheit* und dem *Recht auf Differenz* bildet für Klafki eine der „zentralen Problemstellungen der modernen Welt", die sich äußert in der

„Spannung zwischen dem *Anspruch auf Anerkennung gleicher Menschenrechte für alle* – nicht nur als Anspruch auf formelle Rechtsgleichheit, sondern auf gleiche Zugangschancen zur Teilhabe an Lebensmöglichkeiten, [...] und der *Anerkennung des Rechts auf die Ausbildung von Eigentümlichkeit* (wie Schleiermacher es nannte), auf *Verschiedenheit individueller oder gruppenspezifischer Lebensformen*, m. a. W. auf Anerkennung der *Gleichwertigkeit des Unterschiedlichen* [...]" (Klafki 1994, S. 579; Hervorhebung im Original).

Der folgende Beitrag greift diese Grundproblematik auf und fragt nach den institutionellen Bedingungen von Schule im Umgang mit Gleichheit und Verschiedenheit von Schülern. Es wird sich zeigen, daß die Institution Schule im wesentlichen einer Homogenisierungspraxis folgt und selektiv verfährt. Der Schwerpunkt meines Vorhabens liegt nun darin, zu untersuchen, inwiefern die gemeinsame Beschulung behinderter und nichtbehinderter Kinder und Jugendlicher diesen Selektionstendenzen entgegenwirken und Veränderungen auf struktureller Ebene hervorrufen kann.

2. Der (sonder-)pädagogische Diskurs über Gleichheit und Verschiedenheit

„Die neue Toleranz überbietet die Hinnahme des Anderen in seiner Andersheit durch die Anerkennung des Differenten" (Krüger-Potratz 1999, S. 150).

Ein solches Pluralitätsbewußtsein darf nicht als plötzlich existent betrachtet werden, sondern hat sich über Zeiträume hinweg entwickelt und stellt „noch immer [ein] umstrittenes Produkt langer und heftiger Kämpfe um Ressourcen, Bedeutungen und Machtposition [dar]" (Lutz/Wenning 2001, S. 12).

In das Zentrum der pädagogischen Kritik rücken seit der Bildungsreformdiskussion der 1960er und 1970er Jahre vor allem jene Normalitätskonstrukte von Geschlecht, Gesundheit und Fremdheit, die sich in der Geschichte der Pädagogik als universelle Paradigmen etabliert haben und kaum hinterfragt wurden. Im erziehungswissenschaftlichen Diskurs läßt sich daher eine Verschiebung von einem defizitorientierten Ansatz, der das Andere als das Fremde betrachtet, hin zu einem Differenzdenken feststellen, welches Gleichheit *und* Verschiedenheit einschließt (vgl. Krüger-Potratz 1999; Lutz/Wenning 2001).[1] Das neue Toleranzverständnis betont nicht mehr das Andere in seinem Anderssein und somit in Abgrenzung zum Eigenen, sondern die Bestimmung des Eigenen erfolgt gerade gegenteilig über die des Differenten (vgl. Krüger-Potratz 1999, S. 150).

---

[1]   In der Sonderpädagogik äußert sich die Abkehr von einem defizitorientierten Ansatz in einem veränderten Behinderungsbegriff, der Behinderung beispielsweise nicht mehr nur unter medizinischen Aspekten, d. h. als genetische Disposition und somit als Persönlichkeitsmerkmal betrachtet. Diskutiert wird die Frage: behindert sein oder behindert werden (vgl. Bleidick 1999).

Innerhalb der Sonderpädagogik wird der Diskurs über Gleichheit und Differenz[2] vor allem durch die Integrationsidee vorangetrieben, welche einen Gemeinsamen Unterricht von behinderten und nichtbehinderten Kindern vorsieht und somit die Verschiedenheit von Schülern *und* das Bedürfnis nach Gemeinsamkeit berücksichtigt. Ein solches Heterogenitätsverständnis basiert wesentlich auf der Annahme, daß Gleichheit und Verschiedenheit in einer dialektischen Beziehung stehen.[3]

Dialektik im Sinne der von Reiser entwickelten Theorie integrativer Prozesse meint, daß

„Annäherung und Abgrenzung sich gegenseitig bedingen und auf die Gegensatzeinheit von Autonomie und Interdependenz zurückzuführen sind. Annäherungen ohne Abgrenzung führen zur Symbiose, Abgrenzungen ohne Annäherungen zur Entfremdung" (Reiser 1990, S. 31f.).

Gleichheit ist demnach nicht gleichzusetzen mit Konformität und Verschiedenheit nicht mit Beliebigkeit, sondern beide Duale ergänzen sich. Diese dialektische Haltung findet bei Prengel (1993) ihre Formulierung in dem Begriff der *egalitären Differenz*, der die prinzipielle Gleichwertigkeit des Heterogenen betont, denn

„Differenz ohne Gleichheit bedeutet gesellschaftlich Hierarchie, kulturell Entwertung, ökonomisch Ausbeutung. Gleichheit ohne Differenz bedeutet Assimilation, Anpassung, Gleichschaltung, Ausgrenzung von ‚Anderen'" (Prengel 1993, S. 184).

---

2   Es sei darauf hingewiesen, daß der Differenzbegriff nicht einheitlich belegt ist, sondern in den verschiedenen erziehungswissenschaftlichen Disziplinen unterschiedliche Bedeutung erfährt. In dem Herausgeberwerk von Lutz/Wenning (2001) findet sich eine Sammlung von Aufsätzen aus einzelnen Teilgebieten der Pädagogik, die sich mit dem Thema ‚Differenz‚ auseinandersetzen.

3   Das dialektische Verhältnis von Gleichheit und Verschiedenheit wird auch seitens der Allgemeinen Erziehungswissenschaft aufgegriffen. Flitner spricht von egalisierender (gleichmachender) und unterscheidender Gerechtigkeit, wobei letztere von der Schule nicht ausreichend berücksichtigt wird (vgl. Flitner 1985). Schlömerkemper (1989) unterscheidet zwischen meritokratischer, kompensatorischer und egalitärer Integration. Die ersten Modelle sind von einem Leistungsbegriff bestimmt, welcher zur Errichtung möglichst homogener Schülergruppen zwingt. Das Konzept der egalitären Integration hingegen schließt die Bedeutung von Gleichheit und Verschiedenheit mit ein.

Zwischen den Dualen Gleichheit und Differenz also ereignet sich ein Wechselspiel; Dialektik meint dabei nicht das Erreichen eines Zustandes, sondern ist geprägt durch integrative Prozesse.

„Als integrativ im allgemeinen Sinne bezeichnen wir diejenigen Prozesse, bei denen ‚Einigungen' zwischen widersprüchlichen innerpsychischen Anteilen, gegensätzlichen Sichtweisen [...] zustande kommen. Einigungen erfordern nicht einheitliche Interpretationen, Ziele und Vorgehensweisen, sondern vielmehr die Bereitschaft, die Positionen der jeweils anderen gelten zu lassen [...]" (Reiser 1986, S. 120).

Eine solche Haltung nimmt die Integrationspädagogik ein, die Widersprüchlichkeiten im Erziehungssystem aufgreift und zwischen Regel- und Sonderschulsystem zu vermitteln versucht. Die Integration behinderter Kinder und Jugendlicher vollzieht sich zwischen Anpassungsforderungen und Ausgrenzungsprozessen.

Während Prengel den Differenzgedanken und seine Bedeutung für die verschiedenen Pädagogiken[4] vor allem theoretisch reflektiert, fragt Hinz (1993) auch nach dem Umgang von Schule mit Gleichheit und Verschiedenheit. Hinz differenziert im wesentlichen zwischen drei Betrachtungsmodellen. Mit der Betonung der Andersartigkeit des Behinderten beispielsweise nimmt Sonderpädagogik eine segregative Position ein; Behinderung wird als Begründung für spezielle Förderung in Sonderinstitutionen herangezogen und dient dadurch der Legitimation von Selektion im Erziehungssystem. Dagegen hebt eine assimilative Position im Sinne kompensatorischer Erziehung die Normalität des Behinderten hervor – und nicht sein Anderssein. Damit verbunden ist aber wiederum eine Orientierung am Nichtbehinderten, was erneut Anpassung des Behinderten an eine vorgegebene Norm bedeutet. Ein auf der Dialektik von Gleichheit und Verschiedenheit basierendes Verständnis wird schließlich erst durch eine integrative Position erreicht, welche die Förderung der Verschiedenheit der Begabungen in der Gemeinsamkeit vorsieht. Eine solche Heterogenitätsannahme akzeptiert das behinderte Kind in seinem Anderssein; Anderssein bildet somit einen Bestandteil der Gemeinsamkeit der Verschiedenen. Es bleibt nun zu fragen, ob Schule homogenisierend oder heterogenisierend verfährt.

---

[4] Gemeint sind Interkulturelle, Feministische und Integrationspädagogik.

3. Gleichheit und Verschiedenheit innerhalb der Institution Schule

„Schüler sind verschieden. Sie unterscheiden sich nach Alter, Geschlecht, Religion, Nationalität, sozialer Herkunft, Interessen und Fähigkeiten. Jeder Schüler ist einzigartig und besonders. Die verschiedenartigen Schüler werden in Schulen nicht einzeln unterrichtet, sondern immer in Gruppen. Das Problem ist nun nicht die gemeinsame Unterrichtung aller Schüler in einer Gruppe, sondern die Frage, welche verschiedenen Schüler denn zusammen unterrichtet werden sollen" (Wocken 1997, S. 315).

Die Frage nach einer ‚Einteilung von Schülern' zieht konsequenterweise die Errichtung bestimmter gruppenbildender Kriterien nach sich. Sollen Schüler aufgrund größtmöglicher Ähnlichkeit in Lerngruppen zusammengefaßt werden oder aber nach dem Kriterium der Vielfalt, der Verschiedenheit? Der erste Gedanke umfaßt die Vorstellung von möglichst homogenem Unterricht, wie er sich traditionell in Regelschulen und, wie sich im Verlauf noch zeigen wird, auch in Sonderschulen darstellt. Der zweite, konträre Gedanke beinhaltet, was die Integrationsbewegung seit ihrem Beginn Mitte der 1970er Jahre fordert: die gemeinsame Beschulung behinderter und nichtbehinderter Kinder und Jugendlicher. Ein solches Verständnis greift bewußt Verschiedenheit auf.

Das deutsche Schulwesen hat insbesondere mit der Bildung homogener Jahrgangsklassen und der Orientierung an Leistungshomogenität eine Antwort gefunden, Verschiedenheiten zu minimieren.[5] Schule kann also die bestehende heterogene Gruppe nicht aufnehmen, sie stößt an ihre Grenzen und muß organisieren, d. h. Lösungen finden, um Verschiedenheit zu bewältigen – und diese Regelungen müssen zudem legitim erscheinen gegenüber jenen, die aus der künstlich errichteten Struktur ausgeschlossen werden. Behinderung erscheint vor diesem Hintergrund als ein strukturelles Problem.

Schule folgt, und hierin liegt ein wesentlicher Aspekt für meine weiteren Überlegungen, in erster Linie organisatorischen Kalkülen.

---

5   Verschiedenheit schließt Behinderte, kulturelle Differenz, Geschlechterdifferenz und andere Minderheiten mit ein.

Gomolla/Radtke weisen in ihrem Konzept der Institutionellen Diskriminierung nach, daß ethnische Diskriminierung u. a. durch Handlungen des Schulsystems erzeugt wird, folglich der Institution Schule selbst geschuldet ist.[6]

„Generell gelten Opportunitätserwägungen in bezug auf das reibungslose Funktionieren von Schulorganisation und Unterricht und die Sicherung des eigenen Bestandes [...]. Die Organisationen verfolgen ihre eigenen Interessen, Diskriminierung ist eine Option" (Gomolla/Radtke 2000, S. 337).

Der Selektionsprozeß wird ethnisch aufgeladen und Ethnizität als Begründung für Aussonderung herangezogen. Auch Sonderpädagogik errichtet durch die Konstruktion von Behinderung ein Deutungsmuster, das der Legitimation von Sonderbeschulung dient.

Selektion also bildet ein konstitutives Element des Erziehungssystems; Gleichheit und Verschiedenheit erscheinen somit als Strukturproblem. Dieser Gedanke soll durch Zugriff auf die Systemtheorie Luhmanns näher ausgeführt werden.

3.1 Selektion als Strukturelement des Erziehungssystems

Aus systemtheoretischer Sicht erscheint Erziehung als ein funktional ausdifferenziertes Teilsystem. Ausdifferenzierungen finden statt, um die gesellschaftliche Leistungsfähigkeit zu erhöhen, d. h., durch eine Verteilung komplexer Aufgaben auf mehrere Teilsysteme kann Gesellschaft als Gesamtsystem flexibler reagieren. Systeme gliedern also aus, um ihre Funktionsfähigkeit zu wahren. Durch Ausdifferenzierungsprozesse entstehen wiederum selbständige Teilsysteme, womit auch die Umweltkomplexität steigt.

Die Spezialisierung in einzelne Teilsysteme geht nach Luhmann immer selektiv vonstatten. Wo differenziert wird, findet konsequenterweise Ausschluß, aber zugleich auch Integration in das sich neu entwickelnde System statt.

Systeme sind nach Luhmann autopoietisch; sie produzieren und regulieren sich selbst. Dies erfolgt über einen spezifischen Code, den jedes System für seinen Selbsterhalt errichtet. Codes dienen der Erzeugung von Differenzen. Sie sind immer zweideutig und umfassen

---

6   Zum Konzept der Institutionellen Diskriminierung vgl. ausführlicher den Beitrag von M. Oswald in diesem Band.

einen positiven und einen negativen Wert, einen Wert und einen Gegenwert, wobei ersterer eine geltende Norm ausdrückt, zweiterer die Abweichung von dieser Norm. Einerseits besteht Anschlußfähigkeit, andererseits Ausschluß. Für das Erziehungssystem nun hat sich die Codierung *besser/schlechter lernen* durchgesetzt, sie bildet die Grundlage für die Komplexitätsverarbeitung im Schulsystem. Dieses kann überhaupt nur funktionsfähig bleiben, weil es die sich ihm stellende Vielfalt durch selektive Einteilung in *besser* und *schlechter lernende* Schüler bearbeitet. Selektion ist aus systemtheoretischer Sicht ein konstitutives Element des Erziehungssystems, diesem inhärent!

„Pädagogische Selektion ist unvermeidlich ein grundlegender Vorgang im Erziehungssystem, und dies ganz abgesehen von ihren gesellschaftsweiten Auswirkungen, weil sie die Gruppierungen bildet, in denen erzogen wird, und weil sie den Zugang zu voraussetzungsreicherer Erziehung steuert" (Luhmann/Schorr 1999, S. 252).

Den Selektionsbegriff bestimmen Luhmann/Schorr genauer als Selektion von Karrieren.

„Unter Karrieren im allgemeinen Sinne verstehen wir eine Sequenz von selektiven Ereignissen, die Personen mit positiv oder negativ bewerteten Attributen verknüpfen [...]" (Luhmann/Schorr 1999, S. 278).

Der Verlauf schulischer Karrieren vollzieht sich nach immer gleichem Muster und bildet einen „organisatorischen Synchronisationsvorgang" (ebd., S. 220), den Krämer in Rekurs auf Luhmann/Schorr darstellt.

„Schüler werden einer Eingangsdiagnose unterzogen, um hinreichend homogene Gruppen ,schulfähiger Kinder' herzustellen. Für diese Gruppen ist ein zeitlich strukturiertes Curriculum entworfen, das festlegt, in welcher Reihenfolge der Lernstoff gelehrt wird. Die Gruppe durchläuft das Curriculum unter ständiger Kontrolle durch Tests und eine Folge von Versetzungsentscheidungen bis zu einem Ziel, das durch Prüfung oder Teilnahmebescheinigung den Abschluß der Laufbahn und damit den Übergang in andere Systeme festlegt" (Krämer 1997, S. 38).

Der Karrierebegriff im Sinne von Luhmann/Schorr kann als Organisationsweise der Institution Schule verstanden werden, um Homogenität zu erzeugen. Systemtheoretisch erscheint die Homogenisierung von Schülergruppen als Mechanismus der Komplexitätsreduktion; die Verschiedenheit der Schüler wird organisatorisch bearbeitet mit dem Effekt, einen Normalbereich zu produzieren und abweichendes Verhalten auszugliedern.

Dabei werden

„Abweichungen von einem ‚Normalfeld' [...] unter Hinzunahme psychologischer, medizinischer, sozialpsychologischer und pädagogischer Diagnoseverfahren in Richtung eines bestimmten Förderbedarfs klassifiziert" (Drepper 1998, S. 63).

Die Zweiwertigkeit des Codes *besser/schlechter* führt neben der Bildung eines ‚Normalfeldes' folglich auch zu Abweichungen von diesem, es entstehen „Behindertenkarrieren".

Auch Bleidick stellt in seiner Auseinandersetzung mit den zahlreichen Begriffsbestimmungen von Behinderung ebenfalls fest, daß „das System Schule qua Komplexitätsreduktion Behinderte [erzeugt], wenn es Gesunde von Kranken scheidet" (Bleidick 1999, S. 55).

Behinderung erscheint als Nebenprodukt der Selektions- und Aussonderungspraxis der Institution Schule. „Die binäre Codierung des Erziehungssystems produziert nicht zufällig nebenbei, sondern grundsätzlich und systematisch isolierende Behindertenkarrieren" (Krämer 1997, S. 31).

In der schulischen Organisation homogener Gruppen entfaltet sich schließlich eine Paradoxie, die Luhmann/Schorr als *Ungleichheit der Gleichen* bezeichnen (vgl. Luhmann/Schorr 1999, S. 234). Schule hat zunächst die Aufgabe, die Verschiedenheit der Schüler innerhalb ihres Systems aufzunehmen. Da diese Vielfalt die Systemgrenzen übersteigt, verfährt Schule selektiv. Die ‚ausgegliederten' Schüler müssen jedoch auf der anderen Seite wiederum vom Schulsystem aufgefangen werden.

„Einerseits unterscheiden sich also die Kinder – und nicht nur so, wie alle Individuen sich unterscheiden, sondern auch ganz speziell in ihrem Vorbereitetsein auf Mitkommen und Erfolg in der Schule. Andererseits behandelt die Schule alle Kinder als gleich oder ist zumindest gehalten, ihnen allen gleiche Chancen zu geben. [...] Achtet man aber wieder darauf, daß dies in ein und demselben System geschieht [...], wird auch hier die Form der Paradoxie deutlich: Das Erziehungssystem behandelt Ungleiches gleich [...]" (Luhmann 1996, S. 25).

An dieser Stelle analysiert Luhmann den Umgang der Institution Schule mit Gleichheit und Verschiedenheit. Kinder sind nach Luhmann in ihrer Unterschiedlichkeit gleich. Vielfalt wird also berücksichtigt, allerdings mit dem Ziel, Gleichheit festzustellen, Schüler bilden also eine Gruppe der ‚Gleichen'. Ungleichheit der Gleichen jedoch kommt zustande, weil – bezüglich der Leitdifferenz des Erziehungssystems – einige Kinder *besser* lernen, andere *schlechter*. Hinsichtlich ihrer Leistungen sind Schüler ungleich und müssen daher in möglichst homogene Gruppen aufgeteilt werden.

Gleichheit und Verschiedenheit bilden in der Luhmannschen Systemtheorie somit kein dialektisches Verhältnis. Vielmehr rückt das Gleichmachende, Homogenisierende in den Vordergrund. Kinder, die nicht den Gleichheitsanforderungen der Regelschule genügen, werden zu Kandidaten für Exklusionsentscheidungen. Ausschluß steht aber im Widerspruch dazu, daß Funktionssysteme prinzipiell offen zu halten sind für die Inklusion aller Personen; „Inklusion heißt [...] Zugang eines jeden zu jedem Funktionssystem" (Luhmann/Schorr 1999, S. 31). Diese Inklusionsgarantie muß jedoch kritisch hinterfragt werden, da in erster Linie ‚positive Karrieren' Anschluß an andere Systeme finden und behinderten Kindern eben nicht der Zugang in alle Teilsysteme ermöglicht wird.

3.2 Differenz als Legitimation der Sonderpädagogik

Sonderpädagogik definiert sich traditionell[7] über den Begriff der Behinderung, konzentriert sich auf das Behinderungsspezifische, was im Vergleich zu Normalkonstrukten als different erscheint und eine gesonderte, spezielle Erziehung erfordert. Behinderung wird verstanden als Abweichung, als Anders- und häufig auch als Fremdartigkeit, eben darin gründet sich die Differenz zum Normalen. Der Behinderungsbegriff gestaltet sich als systemkonstituierend und

„[je] schärfer man die Differenz zwischen ‚Behinderung' und ‚Normalität' im Sinne spezieller Erziehungsbedürfnisse ausleuchtete, desto besser waren sonderpädagogische Expansionsansprüche zu begründen"(Opp/Fingerle/Puhr 2001, S. 164).

So konnten sich eine eigene Disziplin und Profession, wie auch eigene Institutionen ausweisen, immer verbunden mit der Orientierung am Besonderen.

---

7 Zur historischen Herausbildung des deutschen Behindertenwesens vergleiche Moser (1995). Moser resümiert: „Der Blick auf das Besondere erlangte als individualtheoretisches Paradigma innerhalb der Sonderpädagogik historisch besondere Relevanz. Dieser Ansatz führte in seiner Konsequenz zu Sonderanthropologien, die der (historisch nachträglichen) Legitimation von Sondererziehung dienten, und wurden von einer dedizierten Defizitdiagnostik abgeleitet" (Moser 1995, S. 210).

Die Verbesonderungspraxis

„sollte individuelle Bildung, autonome Subjektivität und selbstbestimmtes Lernen [und Leben] sowie soziale Chancengleichheit – angemessene Qualifikation, Entschärfung gesellschaftlicher Selektionsprozesse und soziale Integration ermöglichen" (ebd., S. 164).

Neben einer besonderen Förderung wird jedoch seit der Gründung der ersten heilpädagogischen Anstalten im ausgehenden 18. Jahrhundert immer wieder das Bedürfnis nach einer Entlastung des Regelschulsystems betont, das auf struktureller Ebene zur Errichtung des Sonderschulwesens führte.[8]

Schließlich hat sich Sonderschule selbst in weitere funktionale Subsysteme spezifiziert.[9] Diese Ausdifferenzierung kann in Rekurs auf den Luhmannschen Systemgedanken als Form der Komplexitätsverarbeitung gewertet werden. Sonderschule schien in der Vergangenheit mit der Vielzahl der verschiedenen Behinderungsarten überfordert und sah mit der systemischen Ausdifferenzierung und der Homogenisierung ihrer Schüler eine organisatorische Maßnahme getroffen, um das eigene Erziehungssystem zu erhalten. Zudem entstand (und entsteht auch heute noch) durch die wachsende Anzahl an Sonderschülern eine zusätzliche Belastung, die neue Organisationsmaßnahmen erfordert(e).[10]

Sonderpädagogik hat also in ihren eigenen Reihen durch die Schaffung verschiedener Sonderschulformen wiederum selektiert und behinderte Kinder auf die jeweils spezifische Sonderschule überwiesen. Feuser sieht in einer solchen Beschulungspraxis „einen Prozeß doppelter Segregation" (Feuser 1995, S. 6) gegeben: Zum einen be-

---

[8] Jaumann/Riedinger weisen darauf hin, daß in der Öffentlichkeit die Aufgabe der Sonderschule auch heute noch darin gesehen wird, der Regelschule einen ungestörten Unterricht zu ermöglichen. Der Aspekt, so den spezifischen Bedürfnissen behinderter Kinder gerecht zu werden, rangiert häufig an zweiter Stelle (vgl. Jaumann/Riedinger 1996, S. 16).

[9] Schule für Gehörlose, Schwerhörige, Blinde, Sehbehinderte, Körperbehinderte, Sprachbehinderte, Lernbehinderte, Verhaltensauffällige, Geistigbehinderte und die Schule für Kranke (vgl. Prengel 1993, S. 140).

[10] Neueste Zahlen bestätigen die wachsende Anzahl der Sonderschüler: 1990 = 317.385; 1995 = 391.118; 1998 = 410.422 Sonderschüler insgesamt, bezogen auf alte und neue Bundesländer (vgl. Grund- und Strukturdaten 1999/2000, S. 70).

steht Ausschluß aus dem allgemeinen Schulsystem, zum anderen erfolgt eine weitere Ausgrenzung innerhalb des Sonderschulsystems selbst.[11]

Auch Sonderschule verfährt also nach der Codierung *besser/schlechter* und setzt die Aussonderungstendenzen der Regelschule fort. Selektion bildet somit ein strukturelles Element des Sonder- und Regelschulsystems. Kann die gemeinsame Unterrichtung behinderter und nichtbehinderter Schüler der Selektionspraxis entgegenwirken?

4. Schulische Integration behinderter Kinder und Jugendlicher

„Integration ist der konstruktive und positive Gegenentwurf zur negativen Matrix von Ausgrenzung und Verbesonderung" (Feuser 1995, S. 16).

Die Betrachtung der Integrationsidee eröffnet für den vorliegenden Beitrag einen neuen Aspekt, da Integration eine andere Auseinandersetzung mit der Grundfrage von Gleichheit und Verschiedenheit vornimmt. Die folgenden Überlegungen sind somit als Kontrast, als Gegenüberstellung, oder im Sinne Feusers als ‚positive Matrix' zur vorangegangenen Homogenisierungsthese zu verstehen und basieren auf einer Heterogenitätsannahme.

Während sich Sonderpädagogik traditionell über den Behinderungsbegriff als Differenzbegriff definiert, rückt in das Zentrum integrationspädagogischer Kritik im wesentlichen die Verbesonderungspraxis der Sonderschule. Obgleich diese beachtliche Erfolge wie die Durchsetzung von Bildungsrechten für Behinderte erzielte, manifestiert sie mit ihren sondernden Institutionen eine höchst ambivalente Einstellung: Die Betonung des Besonderen impliziert zugleich Ausgrenzung; einer fachkompetenten Unterrichtung stehen negative Aus-

---

11 Jaumann/Riedinger hingegen sehen den Sonderschulausbau als ‚schulische Aufwertung', die dazu beigetragen hat, mehr Bildungsrechte für behinderte Kinder zu erlangen; beispielsweise Kinder mit Down-Syndrom nicht länger in Heimen zu bewahren, sondern ihnen schulische Bildung zu ermöglichen. Zudem zeigt sich im Ausbau eine wichtige Phase *für* die Integrationspädagogik. Die Sonderpädagogik konnte Fachkompetenzen entwickeln, die nun der Integration in Regelschulen zugute kommen (vgl. Jaumann/Riedinger 1996).

wirkungen wie Stigmatisierung, soziale Isolation und geringere Berufschancen für Behinderte gegenüber (vgl. Prengel 1993, S. 152f.).

Die integrationspädagogische Legitimation hingegen erfolgt durch die Betonung des Gleichheitsbegriffs.

„In scharfer Abgrenzung zur bisherigen Orientierung an individueller Differenz wurde jetzt eine normative Orientierung an der *Einheit* (Gleichheit, Gemeinsamkeit) der Individuen gefordert" (Fingerle/Opp/Puhr 2001, S. 165; Hervorhebung im Original)

und – so ist zu ergänzen – auch an der Verschiedenheit der Kinder. Der integrationspädagogische Fokus richtet sich nicht einseitig auf das Gleichheitsprinzip, d. h. auf die Gleichwertigkeit aller Menschen, sondern nimmt zudem auch deren Verschiedenheit in den Blick. Integration strebt folglich keine Verabsolutierung des Gleichheitsgedankens an.

Die Akzeptanz der Gleichheit von Kindern meint nicht deren Ähnlichkeit, Vereinheitlichung oder Anpassung an Gleichheitskriterien. Vielmehr verdeutlicht die Heterogenitätsannahme, daß erst durch die Anerkennung und auf der Grundlage gleicher Rechte die Verschiedenheit aller Kinder berücksichtigt wird. Gleichheit im Sinne von Gemeinsamkeit stellt somit die wesentliche Bedingung für Differenz und Vielfalt dar. Umgekehrt gewinnt das Gleichheitspostulat erst an Bedeutung, wenn Verschiedenheit von Kindern bewußtgemacht wird. Integration erscheint als Prozeß zwischen Gleichheit und Verschiedenheit, sie hält die Balance, daß sowohl die Verschiedenheit von Kindern als auch deren Eigenwert zum Ausdruck kommt (vgl. Reiser 1990). Gemeint ist die Gleichwertigkeit aller Menschen unter Anerkennung ihrer Verschiedenheit, wie dies von Reiser (1990), Prengel (1993) und Hinz (1993) in ihren dialektisch geprägten Konzepten betont wird.

Vor diesem Hintergrund erweist sich Integration als Widerspruch zum bestehenden Schulsystem, welches versucht, die Verschiedenheit von Kindern zu minimieren. Auf struktureller Ebene sieht Integration die Zusammenführung von Regel- und Sonderschule vor.

In der integrationspädagogischen Theorienentwicklung lassen sich vor allem zwei Ansätze finden, welche Integration unter systemischen

Aspekten betrachten.[12] Der ökosystemische Ansatz richtet den Blick auf die Lebenswelt des behinderten Kindes und die Systeme des Umfeldes. Zudem erfährt die von Reiser u. a. entwickelte Theorie integrativer Prozesse erneut Relevanz, da sie Aussagen zur Integration auf institutioneller Ebene zuläßt. Beiden Ansätzen liegt ein veränderter Behinderungsbegriff zugrunde, der sich von defizitären, eindimensionalen Betrachtungen abwendet hin zu Mehrschichtigkeit. Und beide Ansätze betrachten Behinderung immer im Gefüge verschiedener Ebenen und Systeme.

4.1 Der ökosystemische Ansatz

Der von der Saarbrücker Forschungsgruppe um Alfred Sander entwikkelte ökosystemische Ansatz erfaßt Behinderung nicht einseitig als Eigenschaft von Personen, sondern in der Wechselwirkung zwischen verschiedenen Systemen. Als Absage an defizitorientierte Sichtweisen von Behinderung erfordert das neue Verständnis von Behinderung, das Umfeld des behinderten Kindes in pädagogisches Handeln mit einzubeziehen. Die Umfeldbedingungen sind dabei so zu gestalten, „daß der betreffende Mensch weniger behindert ist als zuvor" (Sander 1997, S. 105). Nach Sander liegt Behinderung vor, „*wenn ein Mensch auf Grund einer Schädigung oder Leistungsminderung ungenügend in sein vielschichtiges Mensch-Umfeld-System integriert ist*" (ebd., S. 105; Herv. i. O.).

Der Blick wird auf den Prozeß der Integration des behinderten Kindes in das ihn umgebende Umfeld, vor allem auf Schule gelenkt. Zugespitzt bedeutet Sanders Vorstellung von Behinderung, daß Behinderung aufgrund unzureichender institutioneller Gegebenheiten entsteht. Kinder werden durch fehlende strukturelle Verhältnisse aus Systemen ausgeschlossen und zu Behinderten gemacht.

Die Darstellung des Kind-Umfeld-Systems vollzieht Sander in Rekurs auf Bronfenbrenner. Er übernimmt die Unterscheidung in Mikro-, Meso-, Exo- und Makrosystem, um auf den Systemzusammen-

---

12 Eine einheitliche Theorie der Integration existiert nicht. Deppe-Wolfinger arbeitet aus dem gegenwärtigen wissenschaftlichen Diskurs über Integration sechs theoretische Strömungen heraus, aus denen sich die verschiedenen Integrationskonzepte entwickeln (vgl. Deppe-Wolfinger 1990, S. 23f.).

hang zu verweisen, in dessen Mittelpunkt Sander das behinderte Kind rückt. Die genannten Ebenen stehen nicht isoliert nebeneinander, sondern bilden ein Gefüge, zwischen welchen Wechselwirkungen entstehen. Jeder Mensch ist von diesen Prozessen umgeben, befindet sich

„in einem sozialen und materiellen Umfeld, das neben kulturell und epochal bedingten allgemeinen Zügen auch weniger allgemeine Züge aufweist: subkulturelle, vom Soziotop bestimmte, familiale bis hin zu ganz individuellen Zügen und Lebensumständen" (ebd., S. 105).

Ein wesentlicher Aufgabenbereich umfeldbezogener Diagnostik besteht darin, die schulischen Bedingungen zu erfassen, um den Bedürfnissen des behinderten Kindes zu entsprechen. Dies bedeutet, auch strukturelle Veränderungen in Angriff zu nehmen, damit behinderte Kinder in das Regelschulsystem aufgenommen und gefördert werden können.

„Statt von Art und Schweregrad der Behinderung her zu urteilen, wird eine Kind-Umfeld-Diagnose unter Einbeziehung der konkreten Schule zugrundegelegt, und statt von den vorgefundenen schulischen Bedingungen her zu entscheiden, muß meistens auch die Frage nach bestimmten Verbesserungen der Bedingungen gestellt und beantwortet werden" (Sander 1992, S. 144).

Der ökosystemische Ansatz läßt erkennen, daß Integration eine Öffnung von Systemstrukturen bewirkt. Systeme werden nicht als isolierte Systeme, sondern gerade in ihrer Beziehung zueinander wichtig. Der ökosystemische Ansatz ist nicht zu verwechseln mit der Systemtheorie Luhmanns, vielmehr gestalten sich beide gegensätzlich. Ein Ökosystem zu betrachten heißt vor allem, die Systeme des Umfeldes des behinderten Kindes einzubeziehen in pädagogische Handlungen und zudem, diese Systeme so zu verändern, daß eine gemeinsame Erziehung behinderter und nichtbehinderter Kinder und Jugendlicher möglich wird. Für Luhmann hingegen operiert das Erziehungssystem in seiner Eigenverantwortlichkeit, innerhalb seiner eigenen Grenzen und Kompetenzen. In Fragen der Erziehung richtet es nicht den Blick auf andere Teilsysteme, es bleibt ein geschlossenes System.

4.2 Integrative Prozesse auf institutioneller Ebene

Die Theorie integrativer Prozesse beschreibt u. a. den prozeßhaften Austausch zwischen Regel- und Sonderschulsystem auf institutioneller Ebene.[13] Sie greift jene Prozesse auf,

> „bei denen Institutionen für sich wie in Kooperation mit anderen Institutionen ihre Leitvorstellungen neu definieren, ihre Mitglieder für diese Konzeptentwicklung aktivieren und sowohl innerinstitutionell wie nach außen ihre Aktivitäten und Strukturen zugunsten dieser übergeordneten Ziele verändern" (Reiser 1990, S. 33).

Auf dieser Ebene wird die Forderung erhoben, die bestehenden starren Schulstrukturen zugunsten eines Gemeinsamen Unterrichts aufzubrechen.

Integrative Prozesse vollziehen sich vor allem zwischen Grund- und Sonderschule. Es ist dieser Dialog, der eine institutionelle Annäherung erschwert. Seitens der Grundschule besteht die Angst, sie könne ihren Anspruch, Leistungsschule zu sein und Schüler auf die entsprechenden Bildungsgänge vorzubereiten, verlieren, wenn behinderte Kinder in den Unterricht einbezogen werden. Zudem sehen sich Grundschullehrer höheren Arbeitsbelastungen ausgesetzt. Und Sonderschullehrer befürchten einen Verlust ihrer Berufsidentität, wenn Sonderschulen aufgelöst werden sollten (vgl. Reiser 1990).

Diese „Überabgrenzung" (Reiser 1990, S. 257), dieses Verharren innerhalb der eigenen Strukturen, schließlich erschwert die Prozesse institutioneller Annäherung. Reiser resümiert,

> „daß das System Sonderschule und das System Grundschule nicht ohne weiteres miteinander kooperieren können, wenn nicht eine vermittelnde Instanz, die ein gemeinsames Interesse und gemeinsames Problembewußtsein formuliert, geschaffen werden kann" (Reiser 1995, S. 101).

---

[13] Integrative Prozesse können sich auf verschiedenen Ebenen ereignen. Reiser unterscheidet in seiner aktuellen Modifikation zwischen der innerpsychischen Ebene (Ganzheit und Abgrenzung der Person), interpersonellen Ebene (Dialog und Partizipation), Handlungsebene (Tätigkeit und Kooperation), situativökologischen Ebene (Lebensweltorientierung), institutionellen Ebene (Institutionelle Entwicklung), gesellschaftlichen Ebene (Demokratische Entwicklung) und transzendierenden Ebene (Existentielle Erfahrungen) (Reiser 1990, S. 32f.).

Das sich hier abzeichnende Zuständigkeitsproblem stört das Gleichgewicht zwischen Annäherung und Abgrenzung. Beide Schulformen halten an ihrer Struktur fest, was zu Formen der Abgrenzung führt.

Dialektik hingegen fordert einen kooperativen Umgang zwischen beiden Systemen. „Mit diesen Konflikten zu leben, ‚konfliktfähig‘ zu werden, ist demnach ein wesentlicher Inhalt integrativer Prozesse" (Reiser 1990, S. 257).

Die Synthese, welche beide Standpunkte aufnimmt, erfolgt durch die Integrationspädagogik. Sie versteht sich als praktische Umsetzung des Theorienkonzeptes der Dialektik von Gleichheit und Verschiedenheit.

5. Institutionelle Formen integrativer Erziehung

„Nicht die Behinderten, die Institutionen müssen normalisiert werden, damit ein [...] gleichberechtigtes Zusammenleben möglich ist" (Hübner 1996, S. 38).

Im folgenden soll die institutionelle Entwicklung von Integration unter der Fragestellung betrachtet werden, ob Integration strukturelle Veränderungen des selektiven Schulsystems hervorruft.

Die Gemeinsamkeit von behinderten und nichtbehinderten Kindern im allgemeinen Schulwesen wird erstmals 1973 mit der Empfehlung des Deutschen Bildungsrates *Zur pädagogischen Förderung behinderter und von Behinderung bedrohter Kinder und Jugendlicher* offiziell dokumentiert und zum Ausgangspunkt schulorganisatorischer Integration erhoben. Die Bildungsrat-Empfehlung schlägt ein differenziertes Schulsystem vor, das sowohl Gemeinsamen Unterricht, wie auch teilintegrative Organisationsformen vorsieht (vgl. Hinz 1993).

Die „wachsende Vielfalt der Organisationsformen und der Vorgehensweisen in der pädagogischen Förderung, die Erfahrungen mit Gemeinsamen Unterricht behinderter und nichtbehinderter Kinder, erziehungswissenschaftliche Denkanstöße und schulpolitische Schwerpunktsetzungen" (KMK 1994, S. 2)

werden schließlich 1994 von der Kultusministerkonferenz aufgenommen und gründen in den *Empfehlungen zur sonderpädagogischen Förderung in den Schulen der Bundesrepublik Deutschland*. Mit der Einführung Sonderpädagogischen Förderbedarfs ist die Beschulung behinderter Kinder nicht mehr per se an die Institution Sonderschule gebunden, sondern innerhalb verschiedener Förderorte möglich. Integration ist „verstärkt als gemeinsame Aufgabe für grundsätzlich alle Schulen anzustreben" (ebd., S. 3) und wird somit zum Erziehungsauftrag der allgemeinbildenden Schule erhoben. Vor allem die Grundschule erscheint idealtypisch für die Durchsetzung integrativer Belange, da sie als einzige Einrichtung des Schulsystems (fast) alle Kinder aufnimmt.[14]

Aufgrund regionaler Disparitäten jedoch konnten sich die KMK-Empfehlungen lediglich als Kompromißformel durchsetzen und somit nur einen unverbindlichen Empfehlungscharakter einnehmen.[15] Um konsensfähig zu sein, griffen sie den kleinsten gemeinsamen Nenner der Integrationspraxis auf und sahen sich heftiger Kritik ausgesetzt (vgl. Bleidick/Rath/Schuck 1995, Hübner 1996, Wittmann 1998).

Sonderpädagogische Förderung sollen vor allem Kinder erhalten,

„die in ihren Bildungs-, Entwicklungs- und Lernmöglichkeiten so beeinträchtigt sind, daß sie im Unterricht der allgemeinen Schule ohne sonderpädagogische Unterstützung nicht hinreichend gefördert werden können" (KMK 1994, S. 5).[16]

---

14 Die Öffnung der Grundschule für die Integration behinderter Kinder findet ihren aktuellen Stand in den *Empfehlungen zur Neugestaltung der Primarstufe*. Dieses Dokument fordert eine Neugestaltung der Schulanfangsstrukturen im Sinne eines integrativen Schulanfangs. „Wir empfehlen, zukünftig Kinder mit Behinderungen nur noch in wenigen Ausnahmefällen in speziellen Einrichtungen zusammenzufassen und statt dessen die sonderpädagogischen Kompetenzen in die Grundschule zu holen und präventiv im Schulalltag der Regelschule wirken zu lassen. [...] Die Primarstufen der Sonderschule für Sprachheilpädagogik, für Lernbehinderte und für die sogenannten ‚verhaltensgestörten' Kinder sollten aufgelöst und die dort tätigen Sonderpädagogen in den Grundschulen eingesetzt werden, und zwar insbesondere in Schulen in sozialen Brennpunkten, weil die oben genannten Behinderungen dort erfahrungsgemäß am häufigsten auftreten" (Faust-Siehl u. a. 1996, S. 135).

15 Dieser unverbindliche Status ist darauf zurückzuführen, daß zum Zeitpunkt der Empfehlungen Integration in den einzelnen Bundesländern unterschiedlich weit vorangeschritten war und sich in verschiedene Richtungen entwickelt hatte. Baden-Württemberg und Bayern hielten an lernzielgleicher Integration fest, während beispielsweise das Saarland bereits 1986 integrative Erziehung unter dem Aspekt der Lernzieldifferenz in das Schulgesetz aufgenommen hatte.

16 Eine sehr allgemeine Bestimmung, die nicht festlegt, ab welchem Grad eine Beeinträchtigung vorliegt. Bleidick/Rath/Schuck sehen in dieser Definition eine Tautologie. „Die Definition des sonderpädagogischen Förderbedarfs ist tautolo-

Weiterhin sehen die Empfehlungen Sonderpädagogischen Förderbedarf „in Abhängigkeit von den Aufgaben, den Anforderungen und den Fördermöglichkeiten der jeweiligen Schule [...]" (ebd., S. 6).

Führt man diesen Gedanken weiter, so zeigt sich, daß sonderpädagogische Förderung wesentlich an die institutionelle Beschaffenheit von Schule gebunden ist. Dabei ist in den Empfehlungen zuvor noch die Rede von einer „personenbezogene[n], individualisierende[n] und nicht mehr vorrangig institutionenbezogene[n] Sichtweise sonderpädagogischer Förderung" (ebd., S. 2).

Während also einerseits eine institutionelle Entkopplung propagiert und Behinderung nicht mehr allein mit der Institution Sonderschule in Verbindung gebracht wird, findet die institutionelle Abhängigkeit doch wieder Einzug in dem Sinne, daß Regelschulen aufgrund ihrer ‚institutionellen Nichtbeschaffenheit' Integration ablehnen können. So heißt es in den Verlautbarungen an anderer Stelle,

„Kinder und Jugendliche können die allgemeine Schule besuchen, wenn dort die notwendige sonderpädagogische und auch sächliche Unterstützung sowie die räumlichen Voraussetzungen gewährleistet sind [...]" (ebd., S. 14).

Diese strukturellen Aspekte müssen gewährleistet sein für die Aufnahme eines behinderten Kindes in die allgemeinbildende Schule; umgekehrt reicht der institutionelle Vorbehalt bereits aus, das Kind nicht aufzunehmen. Da die Institution Schule nicht ausreichend ausgestattet ist, sehen sich behinderte Kinder Ausgrenzungsprozessen ausgesetzt! Zudem hängt die Vergabe zusätzlicher Ressourcen von der diagnostizierten Behinderungsart des betreffenden Kindes ab, d. h., je nach Schweregrad der Behinderung wird beispielsweise ein höherer Betreuungsschlüssel oder das Bereitstellen weiterer technischer Hilfsmittel erforderlich. So werden Kinder wiederum als besonders förderbedürftig ausgewiesen, was in eine paradoxe Situation umschlägt: Die Förderung des behinderten Kindes führt letztlich zu Etikettierung und Diskriminierung. Eberwein stellt fest, daß „Lehrer möglichst viele Kinder zu ‚Behinderten' machen, um so auch mög-

---

gisch, indem sie sagt: Sonderpädagogischer Förderbedarf liegt dort vor, wo Schüler sonderpädagogischer Förderung bedürfen" (Bleidick/Rath/Schuck 1995, S. 254). Zudem findet nach Bleidick keine Gegenüberstellung zu einem eventuellen, fiktiv erdachten *pädagogischen Förderbedarf* statt, dies sei aber notwendig, um überhaupt das Besondere am Sonderpädagogischen Förderbedarf zu erkennen.

lichst viel an personeller und sächlicher Unterstützung zu bekommen" (Eberwein 2000, S. 103).

Eine Maßnahme, welche Schule aus institutionellen Beweggründen trifft, die aber auf Kosten behinderter Kinder geht. Unter der Betonung zusätzlicher Förderung werden Kinder zu potentiellen Behinderten und so zu Kandidaten für Exklusionsentscheidungen. Der Hamburger Schulversuch 'Integrative Grundschule/Integrative Regelklasse' versucht, solche Diskriminierungsprobleme sonderpädagogischer Förderung, die als Etiketten-Ressourcen-Dilemma bekanntgeworden sind, durch eine institutionsgebundene Ressourcenverteilung zu umgehen (ebd., S. 226). Die Bereitstellung zusätzlicher Fördermaßnahmen ist

„nicht mehr an einzelne SchülerInnen mit aktenkundig ausgewiesenem sonderpädagogischem Förderbedarf geknüpft, sondern wird institutionsbezogen als pauschale sonderpädagogische Grundausstattung an die beteiligten Grundschulen vergeben" (ebd., S. 226).

Katzenbach räumt jedoch ein, daß „die offiziellen Etiketten durch nicht minder wirksame, aber dafür weniger kontrollierbare informelle Typisierungen abgelöst werden" (ebd., S. 231).

Die KMK-Empfehlungen sehen sonderpädagogische Förderung durch vorbeugende Maßnahmen, im Gemeinsamen Unterricht, in Sonderschulen, in kooperativer Form, im Rahmen von Sonderpädagogischen Förderzentren, im berufsbildenden Bereich und beim Übergang in die Arbeitswelt vor (vgl. KMK 1994). Aber „wie die Bildungspolitik angesichts des pluralistischen Nebeneinanders konkurrierender Organisationsformen ausgerichtet sein sollte" (Bleidick/Rath/Schuck 1995, S. 251), in welchem Verhältnis die Förderformen zueinander stehen und welche dieser Formen letztendlich zu präferieren ist, diese Entscheidung bleibt in der Verlautbarung unausgesprochen. Feuser konstatiert, daß

„die sogenannten teilintegrativen und kooperativen Organisationsformen [...] im Gegensatz zu den vollintegrativen in bezug auf das gegenwärtige EBU [Erziehungs-, Bildungs- und Unterrichtssystem] nicht grundsätzlich qualitativ systemverändernd, sondern [...] weit eher systemstabilisierend [sind]" (Feuser 1995, S. 65).

Ein auf äußere Zusammenführung beruhendes Integrationsgebaren stellt für Feuser eine „Art Befriedigungsverbrechen des etablierten, seiner Herrschaft sicheren Erziehungs- und Schulsystems [dar]" (ebd., S. 10).

Es drängt sich der Eindruck auf, daß sich Integration als weiterer Strang neben dem gegliederten Schulsystem etabliert und dieses im wesentlichen unangetastet in seiner Selektionspraxis fortbestehen läßt.

Warum wirken die neuen Integrationsmodelle systemstabilisierend, da sie doch zu einer gemeinsamen Erziehungspraxis von behinderten und nichtbehinderten Kindern in einer noch nie dagewesenen Form beigetragen haben? Weil, und das ist der entscheidende Punkt, sie sich als weiterer Strang *neben* dem bestehenden Schulsystem etabliert haben. Zwar bilden die einzelnen Förderformen einen integralen Bestandteil des gesamten Schulwesens, sie bedeuten jedoch keine große strukturelle Änderung der Regelschulen. Die Frage nach möglichen strukturellen Veränderungen, hervorgerufen durch Integration, scheint zunächst beantwortet: Regel- und Sonderschulen bleiben trotz Integration in ihrer Form erhalten. Es zeichnet sich in der Schulentwicklung die Tendenz zu institutioneller Vielfalt ab – wir haben es also mit institutioneller Veränderung zu tun, jedoch mit einer, die nicht an die Wurzeln des etablierten Erziehungssystems reicht.

„In einen solchen Prozeß der Differenzierung paßt dann auch, daß ganz unterschiedliche Formen der Integration sich ausbilden, je nach den lokalen und regionalen Bedingungen, und daß dabei grundsätzlich das Sonderschulwesen aufrechterhalten bleibt" (Hübner 1996, S. 45).

Unter systemtheoretischen Aspekten findet diese Ausdifferenzierung in zahlreiche Subsysteme (Integrationsmodelle) statt, weil das ‚Vorhaben Integration' als zu komplex erscheint, um in einem einzigen Modell umgesetzt werden zu können.

Reiser beschreibt diese Vielfalt an integrativen Organisationsformen am Beispiel Hessens:

„Die integrierte schulische Lern- und Erziehungshilfe durch Zugehörigkeit von Sonderpädagogen zu einem Grundschul- oder Gesamtschulkollegium, die stundenweise Zuordnung von Sonderpädagogen zur Versorgung eines Kindes mit sonderpädagogischem Förderbedarf in einer Allgemeinen Schule, die Einrichtung integrativer Klassen, der Ausbau von Schulen für Lernhilfe zu sonderpädagogischen Beratungs- und Förderzentren und die von dort ausgehende Ambulanz, das Förder- und Beratungszentrum ohne eigene Klassen, die Entwicklung von Grundschulen zu integrativen Schulen mit sozialpädagogischen Betreuungsmöglichkeiten und festen Öffnungszeiten, all diese Konzepte werden in unterschiedlichen Mischungen gefahren" (Reiser 1997, S. 72).

Obgleich jede dieser genannten Formen ihre Berechtigung hat, konstatiert Reiser, daß „derzeit kein Konsens darüber entsteht, wozu die verschieden Konzepte langen, [...] welche Zugänge zu welchen Problemlagen sie erschließen und welche sie verschließen", was zu „innerer Verwirrung" (ebd., S. 272) führt.

Diese sich abzeichnende Tendenz zu einem pluralen – und auch konkurrierenden Nebeneinander integrativer Einrichtungen wirft wichtige Fragen für die weitere Entwicklung von Integration auf. Differenziert sich diese weiter aus? Legt sich Integration durch die Ausdifferenzierung in viele Subsysteme letztendlich selbst lahm? Und wird die Richtung, strukturelle Veränderungen des Regel- und Sonderschulsystems zu bewirken, erst gar nicht mehr eingeschlagen, statt dessen der Blick starr auf die einzelnen Integrationsmodelle gelenkt? So wird sich an der Selektionspraxis der Regel- und Sonderschulen auf alle Fälle wenig ändern.

Einen Ausweg aus diesen sich voneinander fort entwickelnden Systemvorstellungen sieht Reiser in der Bildung von Suprasystemen, d. h. in dem gemeinsamen Zusammenwirken von Sonder- und Regelpädagogik, aber auch durch Einbeziehung außerschulischer Aufgabenfelder gegeben (vgl. ebd., S. 274). Die Leistung eines solchen kooperativen Umgangs besteht darin, die verhärteten Fronten zwischen Sonder- und Regelschulen mit ihren jeweils starren Organisationsstrukturen zu lockern, um „aus abgegrenzten, für sich akzeptierten und sich selbst regulierenden Positionen heraus etwas gemeinsames Neues [zu entwickeln]" (ebd., S. 274).

Dabei vermögen Suprasysteme im Sinne des dialektischen Verständnisses der Theorie integrativer Prozesse, daß Sonder- und Regelschule in ihrer Existenz bestehen bleiben und die Spannungspole bilden, zwischen denen sich die Integration behinderter Kinder und Jugendlicher vollzieht. Denn „die Chancen liegen – wie immer – nicht irgendwo in der Mitte zwischen zwei Extrempositionen, sondern in der Gestaltung des Widerspruchs" (ebd., S. 274).

6. Schlußbetrachtung

„Der Zusammenhang von Selektion und Integration im Schulsystem ist komplexer, tiefer ineinander verwoben, als daß wir die Abschaffung der Selektion durch die Integration propagieren dürften" (Reiser 1997, S. 268).

Schule als Institution wird immer Homogenisierung betreiben. Die systemtheoretische Betrachtung hat verdeutlicht, daß Selektion ein strukturelles Element des Schulsystems darstellt; sie dient der Reduzierung von Komplexität und dem Funktionserhalt des Schulsystems. Die Homogenisierungsthese findet sich sowohl für Regel- und Sonderschule bestätigt. Integrationspädagogik hingegen stellt mit ihrer Anerkennung von Verschiedenheit auf Heterogenität ab.

Die Gegenüberstellung zeigt: Verschiedenheit kollidiert mit den organisatorischen Kalkülen der Homogenisierung. Wie nun sind die konträren Aussagen der Homogenisierungs- und Heterogenisierungsthese zu werten in bezug auf die Fragestellung, ob Integration Selektion pädagogisch bearbeiten und strukturelle Veränderungen des Schulsystems bewirken kann? Denn schließlich kann auch die Integrationspraxis selbst sich nicht von Selektionstendenzen freisprechen, wie das Etiketten-Ressourcen-Dilemma veranschaulicht hat. Es ist also als Ergebnis festzuhalten, daß Selektion ein Element des Erziehungssystems bildet und selbst durch integrative Schulversuche nicht gelöst werden kann. Integration kann Selektion höchstens mindern.

Der Integrationspädagogik kommt vor allem eine andere, im Zusammenhang mit der dialektischen Vorstellung von Gleichheit und Verschiedenheit wesentliche Bedeutung zu: Sie vermag die Zweiwertigkeit von Selektion, bzw. Ausschluß auf der einen Seite und Anpassung auf der anderen Seite zu verbinden, beide Positionen zu reflektieren. Hier findet die Theorie integrativer Prozesse ihre Anwendung, die geradezu fordert, den Konflikt zwischen Gleichheit (Selektion) und Verschiedenheit (Aufnahme) aufrechtzuerhalten und zu einem Gleichgewicht zu führen, ohne eine der Positionen auszublenden. Das gleichzeitige Vorhandensein von Gleichheit und Verschiedenheit widerspricht der Luhmannschen Vorstellung eines Erziehungssystems, das von dem zweiwertigen Code *besser* und *schlechter lernen* gesteuert wird, aber keinen Mittelweg kennt. Integration hingegen leistet, sowohl den positiven und den negativen Wert aufzunehmen und zu einer Synthese zu führen. Daher ergeben sich integrative Prozesse. Integration ist kein Zustand, sondern ein immer wieder neu zu begehendes Ziel.

Wie gestaltet sich der integrative Prozeß zwischen Gleichheit und Verschiedenheit auf institutioneller Ebene? Es hat sich gezeigt, daß eine Tendenz zur Ausdifferenzierung und Vielförmigkeit des Schulwesens besteht, nicht aber zu einer strukturellen Gesamtlösung. Die sich zahlreich entwickelnden Integrationsmodelle bilden für sich selbständige, kompetente Systeme, die ihren Eigengesetzlichkeiten folgen und miteinander konkurrieren. Da aus systemtheoretischer Sicht jede Differenzierung zu Selektion führt, erschwert die Herausbildung dieser neuen pädagogischen Subsysteme die Durchsetzung der Integration. Ohne überhaupt tragende Strukturveränderungen des bestehenden Schulsystems zu bewirken, schadet die Ausdifferenzierung in verschiedene Integrationsmodelle schließlich der Integration selbst. Die Zergliederung birgt die Gefahr des Auseinanderdriftens. Aufgrund der Pluralität läßt sich kein richtungsweisendes Ziel von Integration mehr ausmachen, es finden sich in diesen Modellen immer nur Einzellösungen. Mit ihrer Ausdifferenzierungspraxis verschärft Integration das Selektionsproblem, Selektion findet andere Wege und Ausdrucksformen.

Einen strukturellen Zusammenschluß des Regel- und Sonderschulwesens, so wie es Integration in ihrer Forderung gemeinsamer Erziehung formuliert, wird es nicht geben. Es würde eine neue Komplexität entstehen, dabei verfährt das Erziehungssystem ja gerade selektiv, um Komplexität zu sondieren. Integration mit ihren verschiedenen Integrationsmodellen als Teilsysteme, Sonder- und Regelschule werden nebeneinander bestehen bleiben. Dieses Nebeneinander führt jedoch zu keiner gemeinsamen Erziehungspraxis. Gemeinsamkeit aber ist im Sinne der Pädagogik der Vielfalt (vgl. Hinz 1993, Prengel 1993) und des dialektischen Verhältnisses von Gleichheit und Verschiedenheit entscheidend für gelingende Integration. Die im Konzept der Pädagogik der Vielfalt erhobene Forderung nach Pluralität und Verschiedenheit unterstützt auf institutioneller Ebene die Entwicklung eines vielfältigen Erziehungssystems, somit die Entwicklung zu Ausdifferenzierung und damit verbunden die Bildung neuer Selektionsformen.

„Das Pluralitätsargument führt zu widersprüchlichen Ergebnissen, denn wir können damit gleichermaßen die Förderung der Pluralität an einer Schule wie auch die Förderung der Pluralität der Schulformen begründen. Vielfalt als Prinzip reicht zur Begründung der Integration offenbar nicht aus" (Katzenbach 2000, S. 239).

Das Schulsystem arbeitet nach wie vor mit dem Prinzip der Auslese und Separierung. Und auch dort, wo Integration institutionell verwirklicht wurde, besteht keine Garantie, daß die Vielfalt der Kinder auch als pädagogische Chance begriffen und im Unterricht umgesetzt wird.

Ein vernichtendes Urteil für die Integration, die sich ja auf diesen Vielfalts- und Verschiedenheitsaspekt beruft? Ein vernichtendes Urteil ebenfalls, weil Integration die Selektionstendenzen des Schulsystems nicht verändern kann, viel eher diese noch verstärkt? Grund zu Pessimismus ist nicht gegeben, sofern Integration ihre Kraft als Reformmotor des Schulsystems wahren kann und sie nicht auf die verschiedenen Integrationsmodelle verteilt. Integration darf sich nicht abdrängen lassen zu einem weiteren, pluralen Strang!

Ausblickend kann die Einbindung von Integration in die Entwicklung von Schulprofilen dazu beitragen, daß Gemeinsamer Unterricht einen integralen Bestandteil des Regelschulsystems bildet und der Diskurs über Gleichheit und Verschiedenheit über die Grenzen der theoretischen Auseinandersetzung weitergetragen wird in die Schulpraxis.[17] Seit dem Erscheinen von Leistungsstudien wie TIMMS und PISA ist eine Diskussion über Qualität von Schule entfacht, der sich auch die Sonder- und Integrationspädagogik stellen muß.[18] Es rücken neue Fragen in den Vordergrund: Was macht gute Schule aus? Findet durch Ranking und Konkurrenzkampf zwischen einzelnen Schulen eine neue Verschiebung der Sonderschule in Richtung Restschule statt? Und welche Bedeutung ergibt sich für die Grundfrage von Gleichheit und Verschiedenheit? Welche Folgen hat eine stärkere Leistungsorientierung für die Integration behinderter Menschen?

---

[17] An einigen Schulen in Hessen ist Integration in Form des Gemeinsamen Unterrichts und im Rahmen der ambulanten Sonderpädagogischen Förderung in die Schulprogrammentwicklung aufgenommen und zum Markenzeichen dieser Schulen erhoben worden (vgl. Hessisches Kultusministerium und Hessisches Landesinstitut für Pädagogik 2000).

[18] Innerhalb der Sonderpädagogik – und dort vor allem für die Integrationspädagogik – findet eine Auseinandersetzung mit qualitativer Schulentwicklung kaum statt; als weiterführende Literatur ist vor allem Preuss-Lausitz (1999) zu empfehlen.

Dieser Beitrag hat über Gleichheit und Verschiedenheit nachgedacht. Er positioniert sich auf Seiten der Integration, die grundlegende Veränderungen des Schulsystems fordert.

„Gemeint ist die Fähigkeit, aus gewohnten Denk- und Einstellungsbahnen auszubrechen, sich Neues einfallen lassen zu können, Mut zum Wagnis, Fähigkeit, neue Lösungen zu finden und zu verfolgen, Fähigkeiten zur Vorwegnahme des heute oder in absehbarer Zukunft Möglichen, aber noch nicht Realisierten, mit anderen Worten: Fähigkeit zur realen Utopie" (Klafki 1996, S. 227).

Literatur

Albrecht, Friedrich/Hinz, Andreas/Moser, Vera (2000): Perspektiven der Sonderpädagogik. Disziplin- und professionsbezogene Standortbestimmungen, Neuwied/Berlin

Bleidick, Ulrich/Rath, Waldtraut/Schuck, Karl Dieter (1995): Die Empfehlung der Kultusministerkonferenz zur sonderpädagogischen Förderung in den Schulen der Bundesrepublik Deutschland, in: Zeitschrift für Pädagogik 41 (1995) 2, S. 247-264

Bleidick, Ulrich (1999): Behinderung als pädagogische Aufgabe. Behinderungsbegriff und behindertenpädagogische Theorie, Stuttgart/Berlin/Köln

Bundesministerium für Bildung und Forschung (2000): Grund- und Strukturdaten 1999/2000, Bonn

Deppe-Wolfinger, Helga/Prengel, Annedore/Reiser, Helmut (1990): Integrative Pädagogik in der Grundschule. Bilanz und Perspektiven der Integration behinderter Kinder in der Bundesrepublik Deutschland 1976-1988, Weinheim/München

Drepper, Thomas (1998): „Unterschiede, die keine Unterschiede machen". Inklusionsprobleme im Erziehungssystem und Reflexionsleistungen der Integrationspädagogik im Primarbereich, in: Soziale Systeme 4 (1998) 1, S. 59-85

Eberwein, Hans (1996): Einführung in die Integrationspädagogik: Interdisziplinäre Zugangsweisen sowie Aspekte universitärer Ausbildung von Lehrern und Diplompädagogen, Weinheim

Eberwein, Hans (1997): Handbuch Integrationspädagogik. Kinder mit und ohne Behinderung lernen gemeinsam, Weinheim/Basel

Eberwein, Hans (2000): Verzicht auf Kategoriensysteme in der Integrationspädagogik, in: Albrecht, Friedrich/Hinz, Andreas/Moser, Vera (Hrsg.) (2000), a. a. O., S. 95-106

Faust-Siehl, Gabriele u. a. (1996): Die Zukunft beginnt in der Grundschule. Empfehlungen zur Neugestaltung der Primarstufe, Reinbek bei Hamburg

Feuser, Georg (1995): Behinderte Kinder und Jugendliche. Zwischen Aussonderung und Integration, Darmstadt

Flitner, Andreas (1985): Gerechtigkeit als Problem der Schule und als Thema der Bildungsreform, in: Zeitschrift für Pädagogik 31 (1985) 1, S. 1-26

Gogolin, Ingrid/Nauck, Bernhard (2000): Migration, gesellschaftliche Diskriminierung und Bildung. Resultate des Forschungsschwerpunktprogrammes FABER, Opladen

Gomolla, Mechtild/Radtke Frank-Olaf (2000): Mechanismen institutionalisierter Diskriminierung in der Schule, in: Gogolin, Ingrid/Nauck, Berhard (Hrsg.) (2000), a. a. O., S. 321-341

Heimlich, Ulrich (1997): Zwischen Aussonderung und Integration: Schülerorientierte Förderung bei Lern- und Verhaltensschwierigen, Neuwied/Kriftel/Berlin

Heinrich-Böll-Stiftung (Hrsg.) (1999): Brücken in die Zukunft, Berlin

Hessisches Kultusministerium und Hessisches Landesinstitut für Pädagogik (2000): Sonderpädagogische Förderung an allgemeinbildenden Schulen. Schulprogramme und Evaluation in Hessen 11, Wiesbaden

Hinz, Andreas (1993): Heterogenität in der Schule. Integration – Interkulturelle Erziehung – Koedukation, Hamburg

Hübner, Peter (1996): Schulpolitische und gesellschaftliche Probleme der Integration von Kindern und Jugendlichen mit Behinderung, in: Eberwein, Hans (Hrsg.) (1996), a. a. O., S. 38-57

Katzenbach, Dieter (2000): Integration, Prävention und Pädagogik der Vielfalt. Anmerkungen zur Konzeption, zum Selbstverständnis und zu den Ergebnissen des Hamburger Schulversuchs Integrative Regelklasse, in: Behindertenpädagogik 39 (2000) 3, S. 226-245

Klafki, Wolfgang (1994): „Recht auf Gleichheit – Recht auf Differenz" in bildungspolitischer Perspektive, in: Neue Sammlung 4 (1994), S. 579-594

Krämer, Herbert (1997): Problemfelder der Integration behinderter Schüler/innen: Versuch der Interpretation und systemtheoretischen Rekonstruktion, St. Ingbert

Krüger-Potratz, Marianne (1999): Stichwort: Erziehungswissenschaft und kulturelle Differenz, in: Zeitschrift für Erziehungswissenschaft 2 (1999) 2, S. 149-162

Liebermeister, Kristina (1999): Separation und Integration: die Geschichte des Unterrichts für behinderte Kinder, Weinheim/München

Luhmann, Niklas (1996): Das Erziehungssystem und die Systeme seiner Umwelt. In: Luhmann, Niklas/Schorr, Eberhard (Hrsg.) (1996), a. a. O., S. 14-52

Luhmann, Niklas/Schorr, Eberhard (1996): Zwischen System und Umwelt. Fragen an die Pädagogik, Frankfurt am Main

Luhmann, Niklas/Schorr, Eberhard (1999): Reflexionsprobleme im Erziehungssystem, Frankfurt am Main

Lutz, Helma/Wenning, Norbert (2001): Unterschiedlich verschieden. Differenz in der Erziehungswissenschaft, Opladen

Moser, Vera (1995): Die Ordnung des Schicksals: zur ideengeschichtlichen Tradition der Sonderpädagogik, Butzbach-Griedel

Opp, Günther/Fingerle, Michael/Puhr, Kirsten (2001): Differenz als Konstitutionsproblem der Sonderpädagogik, in: Lutz, Helma/Wenning, Norbert (Hrsg.) (2001), a. a. O., S. 161-176

Prengel, Annedore (1993): Pädagogik der Vielfalt. Verschiedenheit und Gleichberechtigung in Interkultureller, Feministischer und Integrativer Pädagogik, Opladen

Prengel, Annedore (1997): Zur Dialektik von Gleichheit und Verschiedenheit in der Integrationspädagogik, in: Eberwein, Hans (Hrsg.) (1997), a. a. O., S. 91-98

Preuss-Lausitz, Ulf (1999): Für ein erweitertes Verständnis von Qualitätsentwicklung und -sicherung in der Bildung, in: Heinrich-Böll-Stiftung (Hrsg.) (1999), a. a. O., S. 97-103

Reiser, Helmut/Klein, Gabriele/Kron, Maria (1986): Integration als Prozeß, in: Sonderpädagogik 16 (1986) 3, S. 115-122

Reiser, Helmut (1990): Perspektiven der Integration. Ergebnisse der Untersuchung, in: Deppe-Wolfinger, Helga/Prengel, Annedore/Reiser, Hartmut (Hrsg.) (1990), a. a. O., S. 259-267

Reiser, Helmut/Loeken, Hiltrud/Dlugosch, Andrea (1995): Bedingungen der Problemwahrnehmung von Leistungsversagen in der Grundschule am Beispiel zweier hessischer Landkreise. Forschungsbericht, Rüsselsheim

Reiser, Helmut (1997): Lern- und Verhaltensstörungen als gemeinsame Aufgabe von Grundschul- und Sonderpädagogik unter dem Aspekt der pädagogischen Selektion, in: Zeitschrift für Heilpädagogik 7 (1997), S. 266-275

Schlömerkemper, Jörg (1989): Pädagogische Integration. Über einen schwierigen Leitbegriff pädagogischen Handelns, in: Die Deutsche Schule 81 (1989), S. 316-329

Ständige Konferenz der Kultusminister der Länder in der Bundesrepublik Deutschland (KMK) (1994): Empfehlungen zur sonderpädagogischen Förderung in den Schulen in der Bundesrepublik Deutschland, Bonn

Weizsäcker, Carl Friedrich von (1992): Der Garten des Menschlichen. Beiträge zur geschichtlichen Anthropologie, München/Wien

Wittmann, Bernhard (1997): Konsequenzen der KMK-Empfehlungen vom 6. Mai 1994 für die sonderpädagogische Förderung, in: Heimlich, Ulrich (Hrsg.) (1997), a. a. O., S. 26-47

Wocken, Hans (1997): Schulleistungen in heterogenen Lerngruppen, in: Eberwein, Hans (Hrsg.) (1997), a. a. O., S. 315-320

Melanie Oswald

Mechanismen der Diskriminierung von Migrantenkindern im Regelschulsystem

Die Schule für lernbehinderte Kinder als Schule für Migrantenkinder?

1. Einleitung

In der vorliegenden Untersuchung wird der Fragestellung nachgegangen, inwieweit die Überrepräsentation von Migrantenkindern[1] an der Schule für lernbehinderte Kinder[2] (im folgenden SOLB) in einer Kausalbeziehung zur organisatorischen Struktur und Operationsweise der Institution Grundschule und dem darauf aufbauenden viergliedrigen Schulsystem steht. Damit wird die Frage aufgeworfen, ob und inwieweit die Bildungsbenachteiligung von Migrantenkindern ursächlich mit der Eigenrationalität des Schulsystems in Verbindung ge-

---

[1] Reimer Kornmann u. a. haben in mehreren Veröffentlichungen nachgewiesen, daß Migrantenkinder an der SOLB deutlich überrepräsentiert sind und daß zudem die Anzahl von Migrantenkindern an dieser Schulform zum Teil erheblichen bundeslandspezifischen Schwankungen unterliegt. Die Autoren kommen zu diesem Ergebnis mittels einer nachträglichen Analyse von Daten, die vor allem Veröffentlichungen der KMK zu entnehmen sind. Die deutliche Überrepräsentation sticht dabei sofort ins Auge und wird in dieser Arbeit als Ausgangsbasis der nachfolgenden Überlegungen als Faktum anerkannt (vgl. hierzu z. B. Kornmann/Klingele 1996; Kornmann/Klingele/Iriogbe-Ganninger 1997).

[2] In dieser Arbeit wird die Bezeichnung Sonderschule für lernbehinderte Kinder und der Begriff der Lernbehinderung verwendet, wenn auch die anderslautenden Bezeichnungen einzelner Bundesländer (Förderschule; Schule für Lernhilfe) bekannt sind. An dieser Stelle sei jedoch angemerkt, daß die Bezeichnungen „sonderpädagogische Förderung" bzw. „sonderpädagogischer Förderbedarf" zwar begrüßenswert sind, da diese das „jahrzehntelang vorherrschende Verständnis von Sonderpädagogik als Sonderschulpädagogik" überwinden und die „Zuschreibung von Behinderung als Persönlichkeitsmerkmal" vermeiden (Eberwein 1996, S. 49f.). Dennoch bleibt mit der Existenz dieser Schulform ihre Problematik bestehen.

bracht werden kann. Dabei wird also von der Voraussetzung ausgegangen, daß es eine spezifische Eigenrationalität des Schulsystems gibt, die eine für die in Rede stehende Klientel sich negativ auswirkende Eigendynamik freisetzt.

Die Eigenrationalität des Schulsystems besteht im Minimalfall darin, daß die gesamte Schülerpopulation auf die einzelnen Zweige des viergliedrigen Schulsystems aufgeteilt werden muß und wird. Diese vom Schulsystem zu erbringende Selektionsfunktion – nämlich die der Leistungsmessung und Leistungsbewertung – soll dahingehend näher untersucht werden, inwieweit durch sie die Heterogenität der Lernvoraussetzungen von Migrantenkindern ignoriert und somit die Reproduktion von Chancenungleichheit fortgeschrieben wird. Insofern wird also gefragt, ob und inwieweit bereits auf der Ebene der formalen Organisation des Schulbetriebs Mechanismen aufgefunden werden können, die zur Benachteiligung von Migrantenkindern führen.

In diesem Zusammenhang gilt es dann auch generell die These zu überprüfen, ob es sich bei dem Begriff der „Lernbehinderung" und seinen Spielarten um ein Konstrukt handelt, welches als Folge einer institutionalisierten Diskriminierung beschrieben werden kann und zum Verbleiben in einer randständigen Position innerhalb der deutschen Gesellschaft beiträgt.

In den nachfolgenden Ausführungen wird vorrangig eine systemtheoretische Perspektive auf den Gegenstand der Bildungsbenachteiligung von Migrantenkindern eingenommen. Diese Perspektive wird deshalb gewählt, weil die Verfahrenslogik des Schulsystems als Teilsystem der modernen Gesellschaft den basalen Rahmen bildet, innerhalb dessen alle beteiligten Akteure und Akteurinnen handeln bzw. handeln müssen.

Für die vorliegende Fragestellung hat dies die folgende Konsequenz: Auf welche der beteiligten Akteure und Akteurinnen – also Schüler und Schülerinnen sowie Lehrer und Lehrerinnen – man schauen mag, um das Erklärungsproblem einer Lösung zuzuführen; jeder und jede der Beteiligten handeln in einer Institution, die spezifisch operiert, und zwar im einfachsten Falle dadurch, daß Leistungsbewertungen vorgenommen werden (müssen). Insofern ist die Operationsweise des Schulsystems fundamental und anderen Perspektiven auf den Gegenstand, die ebenso legitim sind, vorgeordnet. Und weil die schulsystemspezifische Organisations- und Operationsweise die fundamentale Rahmenbedingung für alles weitere ist, muß diese zuerst in den Blick genommen werden – und dies nicht zuletzt deshalb, weil alle Selektion hier ihren Ausgang nimmt.

Indem in dieser Arbeit eine systemtheoretische Perspektive eingenommen wird, stehen, wie bereits angeklungen, nicht mehr Individuen und deren Handlungen im Zentrum der Aufmerksamkeit, wie dies in vielen Bereichen und Strömungen der Erziehungswissenschaft der Fall ist, sondern die systemeigenen Verfahren und deren oftmals nicht registrierte Konsequenzen.

Die hier in Anschlag gebrachte Perspektive stammt von Niklas Luhmann, der Ende der 1970er Jahre vor allem die geisteswissenschaftliche Pädagogik mit seinen systemtheoretischen Überlegungen zum Erziehungssystem konfrontierte, was zu erheblichen Irritationen und Diskussionen geführt hat.

Indem Luhmann ein folgenreiches Auseinandertreten von erziehungswissenschaftlichem Diskurs und erziehungswissenschaftlicher Praxis diagnostizierte und damit der Pädagogik vorwarf, lediglich „Reflexionssemantik" zu betreiben, anstatt die von ihm als für das Erziehungssystem konstitutiv herausgestellte Selektionsfunktion des Erziehungssystems mit in die Systemreflexion aufzunehmen, wollte er die „Lernfähigkeit" der Pädagogik mit der folgenden Frage provozieren:

„Was geschieht, wenn ein System, das sich selbst beobachten und beschreiben kann, mit einer externen Beschreibung konfrontiert wird" (Luhmann/Schorr 1988, S. 370).

Rückblickend kann festgehalten werden, daß die Luhmannsche Beobachtung der Pädagogik teilweise folgenreich gewesen ist:

„Diese (...) auf Lernfähigkeit setzende Irritationsstrategie ist zumindest in Ansätzen erfolgreich gewesen. Die Pädagogik hat auf breiter Linie ihren Übergang zur Erziehungswissenschaft vollzogen, insbesondere durch ihre Versozialwissenschaftlichung; auch wenn diese natürlich keineswegs allein dem externen Einfluß der Systemtheorie zugerechnet werden kann. Aber nachhaltig geprägt (...) wurde die Erziehungswissenschaft gerade auch von der Luhmannschen Systemtheorie" (Kade 1999, S. 527).

Seit den 1980er Jahren, in welchen die Auseinandersetzungen vornehmlich zwischen den Disziplinen der Erziehungswissenschaft und der den Sozialwissenschaften zugehörigen Systemtheorie abliefen, hat eine Entwicklung dahingehend stattgefunden, daß jene Kontroversen – nämlich die über das Selbstverständnis der Erziehungswissenschaft – nunmehr innerhalb der Erziehungswissenschaft diskutiert werden (vgl. Kade 1999). Damit stehen sich nun, allgemein gesehen, innerhalb der Erziehungswissenschaft oftmals eher normativ ausgerichtete individuenzentrierte Ansätze und sozialwissenschaftlich, auch systemtheoretisch oder konstruktivistisch inspirierte erziehungswissenschaftliche Ansätze gegenüber, wobei in konstruktivistischer Perspektive (Erziehungs-)Wissenschaft sich darstellt als

„ein Unternehmen, das darauf zielt, *blinde* Flecken in vorliegenden Theorieangeboten zu identifizieren (...). Aufgabe und Leistung der Erziehungswissenschaft für die pädagogische Berufspraxis wäre dann – im Gegensatz zur Pädagogik – nicht die programmatische Anleitung, sondern die erziehungswissenschaftliche Aufklärung der Praxis und der Praktiker über die von ihnen benutzten Theorien und verfolgten Programme, aber vor allem auch über die dabei *nicht* verfolgten, bisher nicht gesehenen Möglichkeiten der Problembeschreibung" (Diehm/Radtke 1999, S. 46, Hervorhebung im Original).

Und genau dies soll, den Gegenstand der Überrepräsentation von Migrantenkindern an der Schule für lernbehinderte Kinder fokussierend, mit den nachfolgenden Überlegungen versucht werden.

2. Systemtheoretische Analysen des Erziehungssystems

2.1 Die Irritation der Pädagogik durch die Systemtheorie

Unter dem Titel „Reflexionsprobleme im Erziehungssystem" erschien 1979 erstmals eine Untersuchung über die Pädagogik als Beobachtung des Erziehungssystems von Niklas Luhmann und Karl-Eberhard Schorr[3].

Indem die Autoren die systemtheoretischen Überlegungen Luhmanns auf das Erziehungssystem anwenden und damit darauf auf-

---

[3] Wenn im folgenden die gemeinsamen Überlegungen der Autoren wiedergegeben werden, erfolgt der alleinige Bezug auf Luhmann einmal aus praktischen Gründen und auch deshalb, weil in diesem Kapitel immer wieder Bezug auf die auf Luhmann selbst zurückgehenden grundlegenden systemtheoretischen Gedanken genommen wird.

merksam machen, daß auch bei diesem Teilsystem spezifische Operationsweisen sowie gesellschaftliche Abhängigkeiten eine große Relevanz haben, wird ein Blick auf das Erziehungssystem möglich, welcher für die Fragestellung dieses Aufsatzes eine wichtige, wenn nicht zentrale Rolle spielt. In den Mittelpunkt rücken mit Hilfe der systemtheoretischen Analysen des Erziehungssystems nunmehr systemimmanente Strukturen sowie gesellschaftliche Anforderungen, deren Thematisierung den Blick auf die vermuteten diskriminierenden Strukturen des Erziehungssystems erst möglich macht. Zwar gibt es auch vor Luhmann und dem Einzug der Systemtheorie in die Erziehungswissenschaft – im Zuge der Versozialwissenschaftlichung – Studien und Untersuchungen, die sich mit dem Bildungssystem befassen. Mit den Luhmannschen Analysen verschiebt sich diesen gegenüber allerdings noch einmal die Betrachtungsrichtung. Luhmanns Kernthese nämlich besteht darin, daß die Schule bzw. das Erziehungssystem seine Existenz und Identität der Zuweisungs- bzw. der für die Gesellschaft relevanten Selektionsfunktion („Leistung") verdankt.

Die von Luhmann und Schorr attestierten Reflexionsprobleme des Erziehungssystems beziehen sich nun auf die Tatsache, daß die Autoren zwar auch nicht „Systemreflexion für die Lösung der Probleme halten", aber die Pädagogik anmahnen, daß „ohne sie (...) kein Standpunkt zu gewinnen" sei, „für den die komplexe Realität des Erziehens als Einheit erschließbar wäre" (Luhmann/Schorr 1988, S. 361).

Sowohl die von Luhmann und Schorr benannten Reflexionsprobleme als auch die sich aus der Organisations- und Operationsweise des Erziehungssystems ergebenden Folgeprobleme sollen im folgenden an einigen zentralen Punkten aufgegriffen werden mit dem erkenntnisleitenden Interesse, die systemimmanenten Strukturen hinsichtlich der Produktion lernbehinderter Migrantenkinder aufzuspüren.

2.2 Komplexitätsreduktion und Autopoiesis sozialer Systeme

Luhmann interessiert sich im Rahmen seiner systemtheoretischen Überlegungen besonders für die Beschaffenheit und Funktionsweise von sozialen Systemen[4] der funktional differenzierten Gesellschaft. Hier sollen zwei wichtige Merkmale derselben beschrieben werden, nämlich die Komplexitätsreduktion und Autopoiesis als zentrale Operationsweisen sozialer Systeme. Diese spielen auch für die Operationen des Erziehungssystems eine entscheidende Rolle und sollen darum im folgenden vorgestellt werden.

Funktional differenzierte Gesellschaften zeichnen sich durch ein immenses Anwachsen von funktionsspezifischen Teilsystemen aus, die alle auf ihre Art und Weise zur Reproduktion der Gesellschaft beitragen. Damit nimmt die Komplexität des Gesellschaftssystems insgesamt zu. Für die Teilsysteme bedeutet dies wiederum, daß sie einerseits eine der Umwelt entsprechende Eigenkomplexität aufweisen müssen, andererseits sind sie aber auch, um existieren zu können, dazu angehalten, durch Reduktion von Komplexität unendliche Möglichkeiten der Kommunikation auszuschalten und sich auf spezifische Gesichtspunkte der Kommunikation einzustellen. Soziale Systeme bestehen nach Luhmann aus Kommunikationen, welche dahingehend komplexitätsreduzierend wirken, daß sie sich an systemspezifischen und also mehr oder minder selbstgesetzten Gesichtspunkten orientieren. Diese bezeichnet Luhmann als binäre Codes, welche als bestimmte relevante Unterscheidungen innerhalb der Systeme komplexitätsreduzierend fungieren.

Somit läßt sich sagen, daß die primär funktional differenzierte Gesellschaft aus mehreren sozialen Systemen besteht, die ihre Differenz zur Umwelt und damit sich selbst als einheitliches und eigenständiges System durch die Orientierung an einem systemspezifischen Code konstituieren. Luhmann geht davon aus, daß eben jene Codes zur Ausdifferenzierung von Teilsystemen führen, die

„eine tendenziell globale Relevanz für die gesellschaftliche Wirklichkeit haben, (...) ein Code [demnach, M. O.] auf ein wichtiges Erfordernis gesellschaftlicher Reproduktion ausgerichtet ist" (Schimank 1996, S. 156).

---

4   Wichtige Teilsysteme der modernen Gesellschaft sind nach Luhmann das politische System, das Wirtschaftssystem, das Rechtssystem, das Medizinsystem, die Familien, die Religion und auch das Erziehungssystem (vgl. Schimank 1996).

Zwei solcher Leitdifferenzen, welche zur Ausdifferenzierung von Teilsystemen geführt haben, sind z. B.

„Haben oder Nicht-Haben, also Zahlungsfähigkeit als binärer Code des Wirtschaftssystems; (...) Verfügen oder Nicht-Verfügen über Macht als binärer Code des politischen Systems" (ebd., S. 155).

Funktionale Differenzierung impliziert damit also die Vorstellung, daß verschiedene Perspektiven in den jeweiligen Teilsystemen institutionalisiert werden, welche die Realität unter den je eigenen systemspezifischen Perspektiven behandeln. Der Begriff der polykontexturalen Gesellschaft bezeichnet dieses von Luhmann attestierte Faktum, da jedes Teilsystem die Wirklichkeit entsprechend seinem Code beobachtet, beurteilt und behandelt (vgl. ebd.).

Für das Erziehungssystem identifiziert Luhmann den Code der besseren/ schlechteren Leistungen. Seine Vorstellung übernehmend wäre es also dieser Code, welcher eine gesellschaftliche Relevanz erworben und zur Ausdifferenzierung eines eigenständigen Erziehungssystems geführt hat.

Mit der Einführung der allgemeinen Schulpflicht wird zwar die Komplexität, die das Erziehungssystem zu bearbeiten hat, zunächst erhöht, im Gegenzug aber in gleichem Maße auch wiederum dadurch reduziert, daß Schüler und Schülerinnen unter dem Gesichtspunkt der besseren und schlechteren Leistungen beobachtet werden. Das Erziehungssystem spezifiziert sich also im Hinblick auf jene Unterscheidung[5], welche sich auf den weiteren Lebenslauf der Schüler und Schülerinnen fundamental auswirkt (vgl. Künzli 1995).

An dieser Stelle soll nun der Begriff der Autopoiesis[6] eingeführt werden, der auch als Selbstherstellung übersetzt werden kann (vgl. Schimank 1996).

---

5   Natürlich wurden auch andere Unterscheidungen im Umgang mit Kindern angewendet wie z. B. die Unterscheidung nach Geschlecht oder der sozialen Herkunft. An dieser Stelle geht es aber ausschließlich um den von Luhmann identifizierten und grundlegenden Code des Erziehungssystems.

6   Der Begriff der Autopoiesis geht auf den chilenischen Biologen Humberto Maturana zurück und bezieht sich auf dessen Definition der Organisation von Lebewesen, welche sich vor allem dadurch auszeichnet, daß sie ihre Einheit definie-

Luhmanns „Theorie sozialer Systeme nimmt den Begriff der Autopoiesis auf und erweitert seinen Bezugsrahmen. Während er im biologischen Bereich ausschließlich auf lebende Systeme angewendet wird, kann laut Luhmann von einem autopoietischen System in allen jenen Fällen gesprochen werden, in denen es möglich ist, eine spezifische Operationsweise festzustellen, die in diesem System und nur dort stattfindet" (Baraldi/Corsi/Esposito 1999, S. 29).

Die Operationen sozialer Systeme bestehen nach Luhmann, wie erwähnt, aus Kommunikationen. Diese finden innerhalb eines Systems ihre Spezifikation durch die Orientierung an einem systemimmanenten Code.

Die Autopoiesis eines sozialen Systems zeichnet sich nun speziell durch zwei Mechanismen aus, nämlich durch Selbstreferentialität und Transitorität. Die selbstreferentielle Operationsweise läßt sich mit der Unterscheidung von trivialen und nicht-trivialen Maschinen erklären.[7] Im Gegensatz zu trivialen Maschinen, welche Inputs aus der Umwelt gemäß einem stets gleichen Verarbeitungsprogramm in immer gleiche Outputs verwandeln, funktionieren soziale Systeme wie nicht-triviale Maschinen. Soziale Systeme behandeln dementsprechend Inputs stets unter Zuhilfenahme eigener Determinanten, wodurch deutlich wird, daß der Output eines Systems durch dessen eigene Operationsweise – und damit also selbstreferentiell – geformt wird. Diese spezifische Behandlung der Inputs bedeutet für das „System selbst (...) Behauptung der eigenen Identität und damit Ordnungserhalt" (Schimank 1996, S. 145). Der Begriff der Transitorität steht für die zweite grundlegende Eigenschaft autopoietischer Systeme. Er bezeichnet die Tatsache, daß sich autopoietische soziale Systeme kontinuierlich erneuern und auch nicht notwendigerweise immer die gleiche Systemgestalt hervorbringen. Bei allen Selbsttransformationen gilt es aber festzuhalten, daß autopoietische Systeme dieselben bleiben, „weil sich all ihre Wandlungen in selbstreferentieller Reflexivität auf das Vorhergegangene beziehen" (ebd.).

---

ren, indem sie die Elemente, aus welchen sie bestehen, selbst produzieren und reproduzieren (vgl. z. B. Baraldi/Corsi/ Esposito 1999).

[7] Die Unterscheidung von trivialen und nicht-trivialen Maschinen hat Luhmann von Heinz von Foerster übernommen und zur Beschreibung sozialer Systeme herangezogen (vgl. Schimank 1996).

Wenn wir nun mit Luhmann davon ausgehen, daß der Code der besseren und schlechteren Leistungen innerhalb des Erziehungssystems eine grundlegende Rolle spielt, dann wird ersichtlich, wodurch die Autopoiesis des Systems getragen wird: Um nämlich bessere und schlechtere Leistungen feststellen zu können, muß das Erziehungssystem auf die spezifische Organisationsform der Jahrgangsklasse zurückgreifen. Durch die damit vorgenommene Homogenitätsunterstellung und die sich daraus rechtfertigende Gleichbehandlung der Schüler und Schülerinnen läßt sich der gesellschaftsrelevante Code der besseren und schlechteren Leistungsbewertung von Schülern und Schülerinnen durch das Erziehungssystem nämlich erst realisieren. Die Autopoiesis des Erziehungssystems erzeugt sich also geradezu durch den Vorgang, daß zur Absicherung der möglichen Anwendung des Codes die organisationsspezifische Form der Homogenisierung immer wieder reproduziert wird, was eine, so die hier aufgeworfene These, für die in Rede stehende Klientel sich negativ auswirkende Eigendynamik freisetzt.

2.3 Strukturelle Konsequenzen der funktionalen Differenzierung

Inklusion

In primär stratifizierten Gesellschaften „wird die Zugehörigkeit (Inklusion, M. O.) zur Gesellschaft durch die Schichten geordnet, und die Zugehörigkeit zu einer Schicht bestimmt sich vor allem über die Familienherkunft" (Baraldi/Corsi/Esposito 1999, S. 79).

Die Zugehörigkeit zu einer Schicht qua familiärer Herkunft war das entscheidende Kriterium, nach dem die Teilnahme oder Nichtteilnahme und deren Art und Weise am gesellschaftlichen Leben geregelt wurde:

„Es gab politische und geistliche Ämter, es gab handwerkliche Berufe der verschiedenen Art, es gab Soldaten und Kaufleute – all das aber gebunden an eine Zuordnung zur ständischen Struktur der Gesellschaft und dadurch bestimmt" (Luhmann/Schorr 1988, S. 29).

Eine der entscheidenden Veränderungen, die sich nach Luhmann im Zuge der Umstellung auf funktionale Differenzierung durchzusetzen beginnt, besteht darin, daß nun nicht mehr nur die Leistungsrollen, sondern auch ihre Komplementärrollen[8] differenziert werden: „Man ist als Staatsbürger weder auf eine bestimmte Religion noch auf bestimmte Rollen im Wirtschaftssystem, zum Beispiel Berufe, festgelegt", und ebensowenig nimmt man „qua Stellung im Familiensystem (Familienvater) am religiösen oder am politischen Leben teil" (ebd., S. 30f.).

Die den primär stratifizierten Gesellschaftsformationen immanenten Rangunterschiede werden nun langsam abgelöst durch eine Gesellschaftsstruktur, deren Differenzierungsform die hierarchische Einordnung der Individuen nicht schon von vornherein und damit durch Geburt festlegt. Das heißt, daß die funktional differenzierte Gesellschaft „von der Voraussetzung ausgeht, daß alle im Prinzip an allen Kommunikationsformen (der einzelnen Teilsysteme, M. O.) teilnehmen können" (Baraldi/Corsi/Esposito 1999, S. 79).

Das semantische Korrelat dieser Inklusionsformel kondensiert sich „in den Postulaten der Freiheit und Gleichheit" (ebd.). Die Gleichbehandlung bezieht sich hierbei auf die Tatsache, daß das, was „in den Einzugsbereich funktionsspezifischer Operationen gerät, zunächst als gleich angesehen werden" muß und damit potentiell alle den Zugang zu den einzelnen Teilsystemen haben (Luhmann/Schorr 1988, S. 234).

Limitierungen der Inklusion oder Gleichbehandlung ergeben sich dann nur unter den Bedingungen, unter denen die Funktionssysteme selbst ihre Funktion bedienen:

„Der Einzelne findet sich nicht mehr allein dadurch schon der Gesellschaft eingeordnet, daß er einer bestimmten Familie oder (als Abhängiger) einem Familienhaushalt angehört. Vielmehr richtet sich seine Mitwirkung an Funktionssystemen nach den Umständen, also danach, wie die Funktionssysteme selbst die Inklusion konditionieren" (Luhmann 1986, S. 161).

Das Inklusionspostulat gewinnt innerhalb des Erziehungssystems seine Relevanz aufgrund der gesellschaftsstrukturellen Veränderungen, welche nunmehr dem Schulbesuch eine grundlegende Funktion für daran anschließende soziale Kontakte zusprechen, und äußert sich in der Forderung nach Einführung einer allgemeinen Schulpflicht –

---

[8] Die Leistungsrolle ist z. B. die eines Arztes oder einer Ärztin im Gegensatz zur Komplementärrolle, nämlich der des Patienten oder der Patientin.

„ein Prozeß, der sich von den ersten Bekenntnissen guter fürstlicher Absichten im 17. Jahrhundert bis weit ins 19. Jahrhundert hinein hinschleppt" (Luhmann/Schorr 1988, S. 31).

Aber auch die Limitierung der Gleichbehandlung, die sich in den einzelnen Funktionssystemen selbst herstellt, läßt sich am Erziehungssystem aufzeigen. So hält Luhmann fest, daß das Postulat der Gleichheit, welches sich im Inklusionspostulat widerspiegelt, im Erziehungssystem zunächst den „Unterricht für alle" fordert, gleichzeitig aber „die aus den Erziehungsfolgen sich ergebende Ungleichheit" nicht ausschließt (ebd., S. 234). Im Schulsystem selbst ist heute jede Nicht-Inklusion oder Exklusion in eine Schulform mit Inklusion in eine andere Schulform verbunden:

„Die Grundschule selektiert schon bei der Aufnahme in die erste Klasse und von da an jedes Jahr. Bis zum Ablauf der Schulpflicht ist jede Exklusion (...) mit der Inklusion in ein anderes schulisches oder außerschulisches Teilsystem verbunden: wer das Gymnasium verlassen muß, kommt in die Real- oder Hauptschule, wer noch nicht schulfähig ist, kommt in eine Vorschule oder -klasse, wer in der Grundschule nicht mehr gefördert werden kann, kommt in eine Sonderschule usw." (Diehm/Radtke 1999, S. 177).

Dieser Ausdifferenzierungsprozeß kann auf die spezifische Operationsweise der Schule zurückgeführt werden und soll gegen Ende der hier ausgeführten systemtheoretischen Überlegungen noch mal aufgegriffen werden.

Kontingenzformeln

Für das Anliegen der hier verfolgten Überlegungen ist es zunächst wichtig, das Verhältnis von pädagogischer Semantik (Reflexion des Erziehungssystems) und systemstruktureller Entwicklung des Erziehungssystems anzuskizzieren. Mit dem Beginn der Ausdifferenzierung eines eigenständigen Erziehungssystems wird dieses, wie jedes andere Teilsystem auch, vor die Notwendigkeit gestellt, das Ziel bzw. den Zweck der eigenen Funktion zu spezifizieren. In diesem Sinne entwickeln sich jene Formulierungen, welche Luhmann als Kontingenzformeln bezeichnet. Diese können als Generalhypothesen verstanden werden, durch welche der Kontingenzhintergrund der jeweils spezifischen Funktion interpretiert werden soll (vgl. Luhmann/Schorr 1988).

Luhmann attestiert nun der Pädagogik Reflexionsprobleme, die unter anderem dadurch bedingt sind, daß dieselbe parallel zu dem historischen Entstehungsprozeß des Erziehungssystems „idealisierende Kontingenzformeln" postuliert hat, die die Grenzen der Möglichkeiten von Erziehung innerhalb eines organisierten Teilsystems der Gesellschaft nicht adäquat mitreflektierten (ebd., S. 21).

Nach Luhmann hat die Pädagogik ihren wissenschaftlichen „takeoff" in der zweiten Hälfte des 18. Jahrhunderts mit der Idee der humanen Perfektion (ebd., S. 68). Mit dieser Kontingenzformel läßt sich die Pädagogik auf das „Geschäft der Menschheitsentwicklung" ein, die im 18. Jahrhundert

„eine allgemeine, auf die gesamte Gesellschaft und alle ihre Einrichtungen bezogene Formel [ist, M. O.], die es aber nahelegt, mit besonderem Nachdruck Einrichtungen und Methoden der Erziehung hierfür einzusetzen" (ebd., S. 64ff.).

Das bedeutet, daß sich die Verselbständigung des Erziehungssystems am Leitfaden der Idee der „Perfektionierung oder Vollendung des Menschen" vollzieht (ebd.).

Die Pädagogik beginnt nun aber recht bald schon, den möglichen Bedarf des sich ebenfalls ausdifferenzierenden Wirtschaftssystems zu reflektieren. Diese Tatsache bringt sie in Konflikt mit ihrer eigenen Kontingenzformel, da die Orientierungen an Funktion und Leistung zu divergieren beginnen. Humane Perfektion läßt sich nicht mit der Leistung des Erziehungssystems und somit mit der späteren Eingliederung der Schüler und Schülerinnen in den Wirtschaftsprozeß, welcher durch „Arbeitsteilung" gekennzeichnet ist, vereinbaren (ebd., S. 69).

Auf dieses Problem reagiert die Pädagogik in der ersten Hälfte des 19. Jahrhunderts mit einer Respezifikation ihrer Kontingenzformel: an die Stelle der Idee der humanen Perfektion tritt nun das Leitmotiv der Bildung. Das Konzept der Bildung orientiert sich dabei primär an der späteren Eingliederung in den Universitätsbetrieb. Historisch geht die Formulierung dieser neuen Kontingenzformel mit der durch den Staat vorangetriebenen Ausdifferenzierung von Schulen und Universitäten einher. Parallel hierzu ist der Vorgang zu beobachten, daß die Staatsverwaltung ihr Personal vermehrt aus universitär ausgebildeten Schichten rekrutiert (vgl. Luhmann/Schorr 1988).

„Durch die funktionale Verschränkung zog der Staat die höhere Bildung immer enger und beherrschender unter seine Kontrolle und nahm sie in seinen Dienst, wie umgekehrt die gelehrte Bildung immer umfassender im Staatsdienst aufging" (Herrlitz/Hopf/Titze 1998, S. 33).

Dadurch beginnt sich folgendes Resultat abzuzeichnen: Es bildeten sich bereits „in der Umbruchphase des Abbaus geburtsständischer Privilegien neue Privilegien (...) heraus, die mit der Berufung auf den Vorrang höherer Bildung elitär gerechtfertigt wurden" (ebd., S. 43).

Im Zuge der Abgrenzung der höheren von der niederen Bildung entwickelte sich das moderne Berechtigungswesen, das die „freigesetzte Gesellschaft wiederum hierarchisch zu klassifizieren begann" (ebd.). Sozialer Aufstieg wird nunmehr abhängig vom erreichten Bildungsgrad, welcher wiederum im Besitz der höheren Stände ist.

„Für die Anthropologie der humanen Perfektion war die Schichtungsstruktur der Gesellschaft noch selbstverständlich gewesen; insofern hieß es: Perfektion nach Maßgabe des Standes. Das Bildungsideal interpretierte die Leitorientierung durch einen idealen Kulminationspunkt, der Unterschiede der Bildung und Unterschiede der Schichtung in den gebildeten Ständen konvergieren ließ" (Luhmann/Schorr 1988, S. 93).

Luhmann konstatiert nun aber, und das ist von großer Tragweite, daß sich die von der Pädagogik formulierten Kontingenzformeln ganz im Fahrwasser der „alteuropäischen, humanistischen" Tradition bewegen und sich am Menschen und gerade nicht am System orientieren (Brunkhorst 1992, S. 198).

Dies hat nach Luhmann zur Folge, daß der pädagogischen Reflexion der Blick auf die sich aus dem Systemcharakter ergebenden Probleme und Wirkungsweisen versperrt bleibt (vgl. Luhmann/Schorr 1988). Mit der von ihm vorgeschlagenen Kontingenzformel der Lernfähigkeit, welche das Bildungskonzept ablösen soll, fordert Luhmann nunmehr, dieselbe „nicht mehr nur auf den zu erziehenden Menschen, sondern auch auf die Profession der Erzieher, ja letztlich auf das Erziehungssystem als ganzes" zu beziehen (ebd., S. 108).

Für den Untersuchungsgegenstand dieser Arbeit ist vor allem jener Vorschlag ausschlaggebend, den Luhmann an die Pädagogik adressiert, nämlich selbst lernfähig zu werden und eine Systemreflexion zu betreiben, welche die Folgen der Ausdifferenzierung eines

Erziehungssystems und seiner spezifischen Operationsweise eigens in den Blick nimmt und damit greifbar macht.

Somit nämlich kann der Tatbestand der hier fokussierten Diskriminierung von Migrantenkindern im deutschen Regelschulsystem als Konsequenz der spezifischen Operationsweise des Schulsystems aufgezeigt werden.

2.4 Schule als Organisationstypus des Erziehungssystems

Die Ausdifferenzierung eines eigenständigen Erziehungssystems geht einher mit der Tatsache, daß schulische Erziehung zunehmend in eigens dafür vorgesehenen Organisationen durchgeführt wird. Daß die Institutionalisierung des Erziehungssystems den spezifischen Formtypus der Organisation wählt, hat nach Luhmann gewichtige Folgen. Indem nämlich die Schule als Organisation in den Dienst des Inklusionspostulats gestellt wird, übernimmt sie die Idee der Gleichheit und Freiheit der Gesellschaftsmitglieder als Voraussetzung ihres Operierens. Diese Tatsache hat nun einen Einfluß auf die spezifische Art und Weise, in welcher schulische Erziehung organisiert wird (vgl. Luhmann/Schorr 1988).

Die Umsetzung des Inklusionspostulats durch die Einführung der Schulpflicht führt schon allein aufgrund finanzieller Restriktionen und aus „Rationalisierungsgründen" innerhalb der Institution Schule zur „Unterrichtung größerer Schülerzahlen in Jahrgangsklassen"[9] (Wenning 1999, S. 263).

Darüber hinaus lassen sich die Folgen der Umsetzung des Inklusionspostulats mit Luhmann wie folgt bestimmen:

„Mit der Durchsetzung der Jahrgangsklasse gibt es einen organisatorischen Synchronisationsvorgang von Lebensalter und Altersveränderung mit Stoffen, Lehrerzuweisungen, Zeugnissen u. dgl. Die Klassenfolge wird dann gleichsam zur Chronologie des Erziehungsprozesses" (Luhmann/Schorr 1988, S. 220).

Wichtig ist nun, daß gerade mit dem organisatorischen Prinzip der Jahrgangsklasse eine Interaktionsform zwischen Lehrern und Lehrerinnen sowie Schülern und Schülerinnen institutionalisiert wird, wel-

---

9 Zur ausführlichen Beschreibung der Entstehung des Organisationsmodells der Jahrgangsklasse vgl. z. B. Karlheinz Ingenkamp 1969.

che, wie man mit Luhmann zeigen kann, ein Selektionsmedium freizusetzen beginnt, das durch die Orientierung an einem systemimmanenten Code wirksam wird. Mit der Einführung der Jahrgangsklasse, welche sich „im 19. Jahrhundert in großem Stil durchgesetzt hat", werden diejenigen Vergleichsmöglichkeiten geschaffen, die dann auch die Bewertung von Schülerpopulationen unter Herbeiführung des funktionsspezifischen Codes von besseren oder schlechteren Leistungen rechtfertigen und universell werden lassen (ebd., S. 54).

Die Herausbildung des dem Erziehungssystems eigenen Codes ist demnach mit dem Aufeinandertreffen von zwei Gegebenheiten verbunden: einmal mit der realisierten Tatsache von Altersjahrgängen bei der Einschulung, womit das Alter zum entscheidenden Kriterium für den Eintritt in das Erziehungssystem erhoben wird; gleichsam als Reflex des Inklusionspostulats wird damit anschließend im Rahmen der schulischen Organisation von Erziehung von einer relativ weitgehenden Gleichartigkeit der Kompetenzen und des Entwicklungsstandes der Schülerpopulation ausgegangen. Diese Gegenüberstellung von Alter und Entwicklung als behauptete Gleichartigkeit der Kompetenzen und Voraussetzungen von Schülern und Schülerinnen kollidiert nun aber zweitens mit der empirisch beobachtbaren Ungleichartigkeit des kognitiven und sozialmoralischen Entwicklungsstandes der Kinder, welche den Pädagogen nach Luhmann sehr wohl bewußt war (vgl. ebd., S. 220).

Die Homogenitätsannahme nimmt dementsprechend innerhalb der Organisation Schule nach Luhmann ihren eigenen Lauf.

„Ob es nun um Schulanfang geht oder um Anfang im Englischunterricht, um den Anfang nach den Ferien oder um den Anfang einer Unterrichtsstunde: die vorausgesetzte Homogenität ersetzt den Rückblick auf das, was vorher war und in seinen natürlich-gewachsenen Unterschieden Beachtung erheischt. (...). Daher ist das System denn auch von Anfang an seinem Anfang nicht gewachsen. Es beginnt unter artifiziellen Bedingungen, die sehr rasch in eine Wiedereinführung von Unterschieden übergehen" (Luhmann/Schorr 1990, S. 98ff.).

Diese Wiedereinführung von Unterschieden drängt sich somit bereits in den kleinsten Einheiten des Erziehungssystems auf, nämlich den Unterrichtseinheiten:

„Jeder Weg wird im Netze der Organisation zur Selektion, weil es andere Möglichkeiten gibt und weil andere Schüler des gleichen Jahrgangs diese anderen Möglichkeiten realisieren" (Luhmann/Schorr 1988, S. 259).

Die Selektion wiederum wird anhand des Bewertungsinstruments von besserer und schlechterer Leistung vorgenommen und bildet den Code des Erziehungssystems.

Ist der Code von besserer/schlechterer Leistung einmal als Leitdifferenz, nach der das Erziehungssystem prozediert, eingezogen, dann führt dies nach Luhmann zu einer doppelten Differenzierungsbewegung innerhalb des Erziehungssystems:

„Die Differenzierung orientiert sich an der Jahrgangsklasse als solcher und führt sowohl zur Bildung verschiedener Schultypen entsprechend den Fähigkeiten der Schüler als auch zur Differenzierung der ‚Schulklasse' unter Berücksichtigung der Resultate des Unterrichts" (ebd., S. 220ff.).

Luhmann hält dementsprechend fest, daß „Selektion (...) jedoch nicht nur und nicht direkt eine von Differenzierung abhängige Variable [ist, M. O.]. Der Zusammenhang wird durch Mobilität vermittelt" (ebd., S. 259).

Diese im Erziehungssystem realisierte Differenzierung kann dabei wiederum als Reaktion des Erziehungssystems auf die gestiegenen Anforderungen, die seitens des komplexer gewordenen Gesellschaftssystems an dasselbe heran getragen wurden bzw. werden, verstanden werden. Es läßt sich somit sagen, daß das Prozedieren des Erziehungssystems mittels des systemeigenen Codes insofern eine Folge der Umstellung auf funktionale Differenzierung ist, als daß dasselbe das Inklusionserfordernis und die Leistungserwartung anderer Teilsysteme zu bewerkstelligen hat. Das Erziehungssystem reduziert die Komplexität, welche durch die Durchsetzung der Massenerziehung auf der Grundlage des Homogenitäts- oder Gleichheitspostulats und der damit zugleich gegebenen Unterschiedlichkeit der Schüler und Schülerinnen gegeben ist, anhand des systemimmanenten Codes und den ihm zugeordneten Programmen. Wie alle anderen Teilsysteme auch greift das Erziehungssystem bei der Komplexitätsreduktion auf den eigenen Code zurück, entlang welchem die interne und externe Differenzierung vorangetrieben wird.

Ein Ansatz, welcher die Diskriminierung von Migrantenkindern innerhalb des mittlerweile enorm ausdifferenzierten deutschen Schulsystems fokussiert und dabei den Blick auf die routinierten Abläufe der spezifisch operierenden Organisation und die sich daraus ergebenden, negativen Folgen für die in Rede stehende Klientel richtet, soll im folgenden vorgestellt werden.

3. Institutionalisierte Diskriminierung

3.1 Institutionalisierte Diskriminierung: Ein alternativer Erklärungsansatz

Auf die vermehrte Beteiligung von Migrantenkindern im deutschen Regelschulsystem wurde sowohl auf praktischer wie auch auf theoretischer Ebene reagiert.

Die Problemwahrnehmung fokussierte dabei vornehmlich die gesteigerte Heterogenität der Schülerpopulation, die mit der bevorzugten Homogenität der Lerngruppe in Kollision geriet. Anstatt das Organisationsprinzip der homogen organisierten Lerngruppe oder aber die Reproduktionsweise der Organisation kritisch zu hinterfragen, wurde in den Konzepten der „Ausländerpädagogik" und der „interkulturellen Pädagogik", wenn auch unter jeweils anderen Vorzeichen, eine vornehmlich individuenzentrierte Blickweise auf das Faktum der Heterogenität der Migrantenkinder favorisiert. Die Konzentration auf die Unterschiedlichkeit der kulturellen Lebenshintergründe avancierte dabei oftmals zu einem Rechtfertigungsmuster für die unterschiedliche Bildungsbeteiligung von Migrantenkindern im Regelschulsystem.

An dieser Stelle soll der Ansatz der institutionalisierten Diskriminierung[10] von Migrantenkindern kurz skizziert werden, der dazu dienen soll, einen der Fragestellung dieses Aufsatzes entsprechenden Blick auf die in das bestehende Regelschulsystem eingebauten Mechanismen der Diskriminierung zu werfen. Indem dieser Ansatz die Tatsache der unterschiedlichen Bildungsbeteiligung der hier fokus-

---

10 Erklärungsansätze der institutionalisierten Diskriminierung stammen aus den anglo-amerikanischen Ländern und werden in der deutschen Multikulturalismusdebatte bislang kaum rezipiert. Der Begriff institutioneller Rassismus wurde erstmals im Zuge der Bürgerrechtsbewegung in den USA populär und impliziert die erstmalige Differenzierung zwischen individuellem und institutionellen Rassismus (vgl. Gomolla/Radtke 2000).

sierten Klientel mit institutionellen Bedingungsfaktoren und Strukturen des Bildungswesens in Verbindung bringt, leistet er einen für den
hier eingenommenen Blickwinkel notwendigen Perspektivenwechsel,
welcher die Institution Schule in den Beobachtungsfokus rückt. Zuvor
sollen aber die Ausländerpädagogik sowie die interkulturelle Pädagogik kurz vorgestellt werden, da sie Praxis und Theorie in je unterschiedlicher Weise geprägt haben.

Unter der Bezeichnung Ausländerpädagogik werden hauptsäch-
lich eine Vielzahl von schulischen Praktiken zusammengefaßt, welche
auf die vermehrte Beteiligung von Migrantenkindern im deutschen
Regelschulsystem mit Formen der äußeren Differenzierung, z. B. in
Vorlaufgruppen, Vorbereitungs- oder Förderklassen, reagierten. Nach
der Einschulung wurden ergänzend zum Regelunterricht zusätzliche
Förderstunden und Hausaufgabenhilfen organisiert mit dem Ziel, die
Kompensation der vermeintlichen Defizite zu leisten (vgl.
Diehm/Radtke 1999).

Diese Maßnahmen der äußeren Differenzierung, welche ursprüng-
lich als vorübergehende Maßnahmen geplant waren und dem Ziel der
Integration in den Regelunterricht dienen sollten, entwickelten sich
häufig zu Dauereinrichtungen – z. B. Vorbereitungsklassen in Langform – mit dem dramatischen Ergebnis, daß Migrantenkinder aus
diesen Einrichtungen anfangs häufig ohne Schulabschluß entlassen
wurden. Die Beschulung in Vorbereitungsklassen in Langform wurde
zwar „Anfang der achtziger Jahre – nach einer Direktive der EG –
durch Erlaß der Kultusminister verboten", das Konzept aber, daß vor
allem fehlende Sprachkenntnisse z. B. in Vor- oder Vorbereitungsklassen kompensiert werden sollen, wurde beibehalten (ebd., S.
136f.). Die Separierung von Migrantenkindern im Sinne der Ausländerpädagogik wurde wissenschaftlich durch eine der wenigen theoretischen Veröffentlichungen zur Fundierung der Ausländerpädagogik
unterstützt. Achim Schrader, Bruno Nikles und Hartmut Griese ver-
suchten, ein notwendiges und unterschiedliches Programm für den
Unterricht mit Migrantenkindern sozialisationstheoretisch zu begründen, indem sie die sozialisationstheoretische Konstruktion einer kulturellen Basispersönlichkeit herausstellten, welche im frühen Kindesal-
ter erworben werde und den weiteren Sozialisations- und Akkulturati-

onsverlauf bestimme (vgl. Schrader/Nikles/Griese 1979; Diehm/ Radtke 1999).[11]

Die Position der Ausländerpädagogik und vor allem die durch diese begründete Separierungspraxis wurde Anfang der achtziger Jahre des letzten Jahrhunderts einer Kritik unterzogen, die vor allem auch auf die der Ausländerpädagogik inhärenten Defizitorientierung abzielte. Die von der interkulturellen Pädagogik vorgetragene Kritik machte vor allem darauf aufmerksam, daß durch die Ausländerpädagogik die Vorstellung zementiert werde, Migration, Mehrsprachigkeit und Schulerfolg schlössen sich gegenseitig aus. Die interkulturelle Pädagogik hält jedoch ebenso, wenn auch mit anderen Vorzeichen, an einem kulturalisierenden Blick fest. Kultur wird jetzt als „Differenz" wahrgenommen, deren Wertschätzung von den Gesellschaftsmitgliedern internalisiert werden soll, um ein multikulturelles, gesellschaftliches Miteinander zu ermöglichen. Dies würde für den hier relevanten Kernbereich der Schule auf organisatorischer Ebene z. B. bedeuten, daß die Separierung von Migrantenkindern aufgehoben wird, Curriculumsrevisionen die kulturelle Differenz aufnehmen und Lehrer und Lehrerinnen Unterricht im Sinne der Vielfalt kultureller Bezüge gestalten (vgl. Lentz 1994; Diehm/Radtke 1999). Damit lenkt die interkulturelle Pädagogik den Blick darauf, daß sich die Schule selbst der veränderten Schülerpopulation angleichen muß, und vollzieht damit den Wechsel von einer einseitig den Migrantenkindern zugerechneten Defizienz zu einer Sichtweise, die die kulturelle Differenz aller Kinder mit dem Ziel der Erziehung zur Toleranz positiv nutzen will.

An dieser Stelle gilt es nun, die unterschiedliche Entwicklung von Theorie und Praxis anhand der zwei vorgestellten Konzepte noch einmal näher zu betrachten.

1996 halten Vertreter der interkulturellen Pädagogik in einer Veröffentlichung der Ergebnisse von Fallstudien in mehreren Schulen fest, daß „interkulturelle Bezüge (...), von Ausnahmen abgesehen, nicht im Wahrnehmungs- und Denkhorizont der Lehrenden" anzutref-

---

11 Neben jener Veröffentlichung kann auch noch der Text von Ursula Boos-Nünning als ähnlicher Versuch angesehen werden, die Sozialisation von Migrantenkindern als durch die Migration verursachte „gestörte Sozialisation" zu beschreiben (vgl. Boos-Nünning 1976).

fen sind (Auernheimer/von Blumenthal/Stübig/Willmann 1996, S. 90).

Ebenso wird festgestellt, daß Lehrer und Lehrerinnen dazu neigen, kulturelle Unterschiede zu negieren und im Gegenzug dazu nur dann auf vorwiegend statische, kulturalistische Erklärungsweisen zurückgreifen, wenn ihre Integrationserwartungen (z. B. nach Versuchen, Eltern anderer Herkunft die Angst vor der anstehenden Klassenfahrt zu nehmen, oder bei schulischen Mißerfolgen) enttäuscht werden (vgl. ebd.).

Im Gegensatz zu dem mittlerweile theoretisch diskutierten Konzept der interkulturellen Pädagogik scheint die Praxis weiterhin an einem Defizitansatz im Sinne der Ausländerpädagogik festzuhalten, welcher bei Bedarf die Handlungen der in der Institution tätigen Lehrer und Lehrerinnen rechtfertigt. Kulturdifferenz wird negiert und nur dann pointiert und im Sinne bikultureller oder gestörter Sozialisation argumentativ verwendet, wenn Integrationsbemühungen scheitern und Rechtfertigungen für die ungleiche Bildungsbeteiligung von Migrantenkindern anstehen (vgl. Diehm/Radtke 1999).

Der Ansatz der institutionalisierten Diskriminierung von Migrantenkindern setzt an dieser Stelle ein und vermutet, daß die „erstaunliche, bis heute nachhaltige Rezeption dieser Ad-hoc-Theorien (...) nur mit der unwiderstehlichen Funktionalität des Theorieangebots für die (...) Praktiker in den Schulen zu erklären" ist, weshalb er diese kulturalistische Blickweise für problematisch hält (ebd., S. 141).

Das Konzept geht davon aus, daß die ethnische Differenz der Migrantenkinder in der schulischen Praxis dazu verwendet wird, die Aufmerksamkeit bezüglich schulischen Mißerfolgs von Migrantenkindern auf kulturelle Determinanten zu lenken, wodurch die systemtheoretisch erklärbare Eigenrationalität der Organisation Schule verdeckt bleibt.

„Die Implementation des Programms der ‚interkulturellen Erziehung', das die offenkundig kulturdeterministischen Defizit-Konstruktionen der vorangegangenen ‚Ausländerpädagogik' ablösen sollte, hat der Organisation neue Möglichkeiten eröffnet. In deklarierter Absicht eingeführt, einem angemessenen Verständnis der Erziehungsprobleme der Migrantenkinder zu dienen und ihre Situation in der Schule zu verbessern, hat es Kulturalisierung und Ethnisierung des professionell erzieherischen Denkens Vorschub geleistet, das nun die Aufmerksamkeit von strukturellen Problemen der

Organisation abzieht und auf externe, kulturelle Determinanten lenkt" (Radtke 1995a, S. 45f.).

Der Ansatz der institutionalisierten Diskriminierung hält auch den um die Organisation erweiterten Blick der interkulturellen Pädagogik für ungenügend. Auch wenn er z. B. die Forderung nach Beteiligung der ethnischen Minderheiten innerhalb der Organisation als notwendige Veränderung akzeptiert, macht er deutlich, daß derartige Forderungen allein die Bildungsbeteiligung von Migrantenkindern nicht verbessern können. Der Ansatz der institutionalisierten Diskriminierung sieht die Diskriminierung von Migrantenkindern in den normalen und routinierten Abläufen der Organisation Schule begründet, die er deshalb in das Zentrum seiner Aufmerksamkeit rückt (vgl. Lentz 1994).

Dieser Analyse entsprechend stellt der Ansatz der institutionalisierten Diskriminierung von Migrantenkindern die regionalen und überregionalen Schwankungen in der Bildungsbeteiligung von Migrantenkindern als Folge der Reproduktion und Eigenrationalität der Schule dar. Institutionalisierte Diskriminierung von Migrantenkindern wird als Möglichkeit analysiert, welche dem System Schule

„als regelmäßige Ressource im Prozeß der Selektion zur Verfügung steht und (...) eine Option bei der Organisation und Reproduktion des Systems [darstellt, M. O.]. Ob davon Gebrauch gemacht wird, hängt von den jeweiligen Kontextbedingungen ab, denen sich die Organisation gegenübersieht, z. B. von der Frage, ob es für die zur Verfügung stehenden Plätze zu viele oder zu wenige Schüler gibt" (Lentz/Radtke 1994, S. 183).

Der Ansatz der institutionalisierten Diskriminierung geht also, systemtheoretische Überlegungen rezipierend, davon aus, daß Ethnizität eine „Option der nachträglichen Beschreibung, Erklärung und Rechtfertigung von Unterscheidungen und Ausgrenzung [darstellt, M. O.], die ein soziales System in seiner eigenen Logik vorgenommen hat"[12] (Diehm/Radtke 1999, S. 155).

---

12 Diesbezüglich hält Frank-Olaf Radtke z. B. folgende Beispiele fest, die deutlich machen, daß Unterscheidungen gemacht, oder eben nicht gemacht werden: „Die gesellschaftliche Konstruktion sozial relevanter Eigenschaften/Probleme mittels Unterscheidung durch Funktionssysteme gilt zumal für ethnische Unterscheidungen. Das Konsumsystem zum Beispiel interessiert sich bei der Vergabe von Teilnahmechancen nicht für die Nationalität oder ethnische Herkunft, wohl aber das

Die Vertreter und Vertreterinnen dieses Ansatzes verweisen also darauf, daß die defizitorientierte Unterscheidungskategorie „Ethnizität" seit der Ausländerpädagogik Bestandteil der Schulkultur ist und stellen heraus, unter welchen Bedingungen dieses mögliche Deutungsmuster genutzt wird. Die Ergebnisse des Bielefelder Projekts[13] bieten Erklärungen und Beispiele an, welche insgesamt deutlich machen, daß bildungssystembedingte Strukturen gekoppelt mit individuenzentrierten und in diesem Fall kulturalisierenden Deutungsmustern der Beteiligten bei Selektionsentscheidungen einen Kreislauf aufrecht erhalten, der die institutionalisierte Diskriminierung von Migrantenkindern beibehält. Jener Kreislauf trägt außerdem dazu bei, daß das Homogenitätsprinzip als eigentlicher Ursachenfaktor der Diskriminierung innerhalb des Schulsystems verdeckt bleibt, indem die Bildungsbenachteiligung unter Rückgriff auf individuenzentrierte Erklärungsmuster gerechtfertigt wird.

3.2 Mechanismen institutionalisierter Diskriminierung

Bevor die Mechanismen der institutionalisierten Diskriminierung anhand der Ergebnisse des Bielefelder Projekts rekonstruiert werden, sollen einige Beobachtungen dargestellt werden, die die Beteiligten des Bielefelder Projekts während ihrer Projektphase machen konnten. Mit diesen läßt sich die Vermutung untermauern, daß die Bildungsverläufe von Migrantenkindern auch unabhängig von ihren individuellen Leistungen gesteuert und im Gegenzug dazu durch demographische und institutionelle Bedingungsfaktoren strukturiert werden (vgl. Lentz/Radtke 1994).

System der sozialen Sicherung, wenn es um die Anerkennung von Ansprüchen auf Sozialhilfe oder Anrechten auf Bildung usw. geht" (Radtke 1995a, S. 38).

[13] Die Untersuchungsergebnisse des Bielefelder Projekts zur institutionalisierten Diskriminierung von Migrantenkindern sind im Rahmen des Forschungsprojekts „Institutionalisierte Diskriminierung – Untersuchungen zur Herstellung ethnischer Differenz in der Schule" gewonnen worden. Unter der Projektleitung von Radtke wurden durch Förderung des DFG-Schwerpunktprogramms FABER (Folgen der Arbeitsmigration für Bildung und Erziehung) im Zeitraum von 1979 bis 1991 statistisch meßbare Effekte sowie Mechanismen der Diskriminierung erhoben und beobachtet (vgl. z. B. Gomolla/Radtke 2000, 2002).

In den Untersuchungszeitraum des Bielefelder Projekts von 1979 bis 1991 fällt die 1982 getroffene bildungspolitische Entscheidung, die Beschulung von Migrantenkindern in Vorbereitungsklassen in Langform[14] zu unterbinden und die Verweildauer in diesen Sonderklassen auf zwei Jahre zu beschränken. Dabei kann neben der vermehrten Zurückstellung in den Schulkindergarten ab diesem Zeitpunkt eine zunehmende Überweisung von Migrantenkindern in die Sonderschule für Lernbehinderte (im folgenden: SOLB) statistisch nachgewiesen werden, was die Vertreter und Vertreterinnen des Bielefelder Projekts als *Effekte* der institutionalisierten Diskriminierung bezeichnen.[15] Parallel dazu kann anhand der ermittelten Daten aufgezeigt werden, daß der allgemeine Rückgang der Gesamtschülerzahl an der SOLB von einer Veränderung in der Zusammensetzung der Schülerpopulation begleitet wird (vgl. ebd.). Die Beteiligten des Bielefelder Projekts halten diesbezüglich fest, daß

„in der Stadt Bielefeld 1979/80 3,9% der deutschen Kinder als sonderschulbedürftig gelten, aber nur 2,5% der ‚ausländischen' Kinder, 1990/91 die Relation aber genau umgekehrt ist: 2,5% der deutschen, aber 5,5% der ausländischen Kinder befinden sich auf einer Sonderschule für Lernbehinderte" (Diehm/Radtke 1999, S. 182).

In dieser Studie wird davon ausgegangen, daß derartige Schwankungen in der Zusammensetzung an der SOLB nicht damit erklärt werden können, daß „deutsche Schüler (...) kollektiv weniger lernbehindert, die Gruppe ‚ausländischer Kinder' dagegen kollektiv lernbehinderter geworden ist" (ebd., S. 182).

Dieses statistisch gemessene Ergebnis wird von den Vertretern und Vertreterinnen des Bielefelder Projekts nun einer anderen Erklä-

---

14 Die Möglichkeit, Vorbereitungsklassen in Langform einzurichten, bestand von 1976 bis 1982. Sie waren für die 1.-6. Klasse vorgesehen, in der Praxis erstreckte sich die Besuchsdauer jedoch vielfach über die 1.-9. Klasse und endete ohne die Möglichkeit eines Schulabschlusses (vgl. Lentz/Radtke 1994).

15 Die im Zuge des Bielefelder Projekts ermittelten Daten und errechneten Tendenzen stimmen mit allgemeinen Tendenzen auf Bundes- und Landesebene überein und entsprechen somit den Daten Kornmanns, welche in dieser Veröffentlichung als Ausgangsbasis der hier verfolgten Überlegungen gesetzt wurden (vgl. auch Gomolla/Radtke 2000).

rung zugeführt, welche eine institutionalisierte Diskriminierung dieser Migrantenkinder deutlich macht:

„Die deutsche Schülerpopulation hat – die demographische Gunst der Stunde durch einen Rückgang der Zahl der deutschen Schüler nutzend – ihren Anteil an den guten Chancen erheblich steigern können, den ‚Ausländern' blieben die frei gewordenen Plätze" (ebd., S. 182).

Diese Beobachtungen legen die Interpretation nahe, daß die Grundschulen die SOLB als Alternative zu den Vorbereitungsklassen in Langform genutzt haben, um die Heterogenität, welche ihrem Homogenitätsprinzip entgegenläuft, zu mindern. Eine Interessenübereinstimmung zwischen abgebender Grundschule und aufnahmewilliger SOLB kann zudem angenommen werden, da diese Schulform aufgrund der rückläufigen Schülerzahlen in ihrem Bestand bedroht war (vgl. Lentz/Radtke 1994).

Eine weitere Beobachtung kann die Vermutung einer institutionalisierten Diskriminierung vornehmlich türkischer Migrantenkinder im angegebenen Untersuchungszeitraum erhärten. Im Schuljahr 1982/83 nahm die griechische Ergänzungsschule (Nationalschule) in Bielefeld ihren Unterricht auf, und im Schuljahr 1990/91 besuchten nur noch 168 von insgesamt 1286 griechischen Schülern und Schülerinnen eine andere Schule (vgl. Gomolla 1997). Daß jene Schülergruppe kaum an der SOLB vertreten war und die türkischen Schüler und Schülerinnen im Gegensatz dazu einen hohen Anteil der Migrantenkinder an dieser Schulform ausmachten, läßt darauf schließen, daß „die deutschen Schulen im Fall der griechischen Kinder nicht auf die Beschulungsalternative Sonderschule zurückgreifen müssen, oder umgekehrt, den Sonderschulen eine Gruppe als potentielle Klientel entzogen ist" (Lentz/Radtke 1994, S. 188).

Von diesen statistisch nachweisbaren Tendenzen ausgehend, welche die Vertreter und Vertreterinnen des Projekts als *Effekte* der Diskriminierung bezeichnen, wurde nun anhand von Interviews versucht, die *Mechanismen* der Diskriminierung von Migrantenkindern zu rekonstruieren. Diese wurden dadurch zu erfassen gesucht, daß die Problembeschreibungen und Deutungen der Lehrer und Lehrerinnen, durch welche die Selektionsentscheidungen begründet wurden, erfragt wurden. Die zentralen Entscheidungsstellen, die für das Zustandekommen der Diskriminierungseffekte ermittelt wurden, waren die

Einschulung, das *Sonderschulaufnahmeverfahren* (im folgenden SAV) und der *Übergang in die Sekundarstufe am Ende der Grundschulzeit* (vgl. Gomolla/Radtke 2000). Hier sollen ausschließlich die ersten beiden Entscheidungsstellen beleuchtet werden, da die rekonstruierten Mechanismen an diesen Stellen eine große Relevanz für die Überrepräsentation an der SOLB haben.

Für die empirische Rekonstruktion der Mechanismen institutionalisierter Diskriminierung griffen die Vertreter und Vertreterinnen des Bielefelder Projekts auf die von Feagin und Feagin gemachte Unterscheidung von direkter und indirekter institutionalisierter Diskriminierung zurück (vgl. Feagin/Feagin 1986; Gomolla 1997). Direkte institutionalisierte Diskriminierung kommt durch die Anwendung ungleicher Normen und Regeln zustande, die von Organisationen auf verschiedene Gruppen angewendet werden und damit für bestimmte Gruppen negative Konsequenzen mit sich bringen. Hierbei kann es sich sowohl um formelle als auch um informelle organisatorische Praktiken handeln, welche innerhalb der Organisation als Routinen abgesichert sind. Dahingegen resultieren Effekte der indirekten institutionalisierten Diskriminierung aus der Anwendung gleicher Normen und Regeln, welche bei verschiedenen Gruppen ungleiche Chancen ihrer Erfüllung zur Folge haben. An Grundschulen, die über keine Vorbereitungsklasse verfügten, zeigte sich eine direkte Diskriminierung dahingehend, daß Migrantenkinder explizit aufgrund fehlender Deutschkenntnisse in den Schulkindergarten zurückgestellt wurden, obwohl dieser schulrechtlich nicht für Sprachvermittlung vorgesehen ist. Bei der Zurückstellung in den Schulkindergarten wurden Formen indirekter Diskriminierung dann deutlich, wenn fehlende Deutschkenntnisse in allgemeine Fähigkeits- und Leistungsdefizite transformiert wurden, welche schulrechtlichen Begründungen für eine Zurückstellung entsprechen.

Ein zentrales Ergebnis des Bielefelder Projekts war, daß die Überrepräsentation von Migrantenkindern an der SOLB durch das Zusammenspiel von diskriminierenden Praktiken an frühen Stellen der Schullaufbahn und an späteren Stellen derselben forciert wird. Die vermehrte Zurückstellung von Migrantenkindern in Vorbereitungsklassen oder Schulkindergärten wirkt sich als Form der indirekten Diskriminierung dahingehend aus, daß der Förderprozeß in der

Grundschule späterhin in einen Bedarf an sonderschulischer Förderung umgemünzt wird.

„Diese Fördermaßnahmen stellen einen erheblichen Risikofaktor in der Schullaufbahn eines Kindes dar. Sie können, wiewohl sie von der selben Organisation und in wohlmeinender Absicht veranlaßt worden sein mögen, kurz darauf als Indikator für Lernschwäche und dafür, daß die Fördermöglichkeiten der Grundschule erschöpft seien, gegen das Kind gewendet und zum Anlaß für weitere Ausgrenzungsmaßnahmen benutzt werden" (Gomolla/Radtke 2000, S. 333).

Im Gegensatz zu einer Zurückstellung vom Schulbesuch werden im SAV, wo sprachliche Defizite als Ursache für die Lernschwierigkeiten per Gesetz ausgeschlossen sind, diese aber nunmehr indirekt entscheidungswirksam. Durch eine Transformation sprachlicher in kognitive Defizite werden dann aus Sprachschwierigkeiten mit der deutschen Sprache Teilleistungsschwächen im Deutschen, welche wesentliche Kriterien allgemeiner Leistungsprognosen darstellen (vgl. ebd.).

Die Rekonstruktion der Mechanismen der institutionalisierten Diskriminierung hat deutlich gemacht, daß diese zunächst um den Zusammenhang von ungenügenden Deutschkenntnissen und familiärem sowie kulturellem Hintergrund zentriert sind. Das heißt, daß die Entscheidungspraxis, nach der Selektionsentscheidungen vorgenommen werden, ihre Problemkonstruktion in der sprachlichen Heterogenität findet, die der angestrebten Homogenität der Lerngruppe entgegensteht. Die Ebene der Begründungsmuster ist nun für die gängige Entscheidungs- bzw. Selektionspraxis insofern relevant, als daß das Schulversagen der Migrantenkinder häufig auf ethnische und familiäre Lebenshintergründe zurückgeführt wird. Dabei kann davon ausgegangen werden, daß die Begründungsmuster der familiären und kulturellen Differenz nicht nur nachträglich und dann absichtsvoll zu Legitimationszwecken der einmal getroffenen Entscheidungen benutzt werden, sondern die Entscheidungspraxis der Akteure und Akteurinnen – als wirksame und vermeintlich gerechte Deutungsmuster – ihrerseits subjektiv strukturieren. Demgegenüber läßt sich eine Diskrepanz zwischen subjektiv in Anschlag gebrachten Entscheidungskriterien und objektiv wirksamen Entscheidungsparametern feststellen. Als objektiv entscheidungsrelevante Faktoren können dabei bildungspolitische Rahmenbedingungen sowie schulorganisatorische Faktoren in Einzelschulen und dem gesamten kommunalen Schulsystem angesehen werden, was durch die eben genannten Faktoren im Zusammenhang mit statistisch meßbaren Effekten deutlich wird. Die Analysen des Ansatzes der institutionalisierten Diskriminierung legen es nahe, daß „kindbezogene Sichtweisen unter Ausblendung der organisatorischen Handlungsbedingungen mit kulturalisierenden Entscheidungspraktiken und eher negativen Resultaten einhergehen" (ebd., S. 337).

Auch der Ansatz der institutionalisierten Diskriminierung mißt dem Homogenitätsprinzip der hier vornehmlich ins Blickfeld genommenen Grundschule für die Diskriminierung von Migrantenkindern ein hohes Maß an Bedeutung zu:

> „Die implizite Verständigung, derzufolge ausländische Kinder, die schulische Probleme haben, am besten auf Sonderschulen für Lernbehinderte zu beschulen seien, wird hergestellt über eine Problemdefinition oder genauer über eine Problemneubestimmung. Aus ‚ausländische Kinder machen Probleme', nämlich der Schule – sie stören die Homogenität der Lerngruppe –, wird ‚ausländische Kinder haben Probleme'" (Lentz 1994, S. 42).

Diese verbreitete und individuenzentrierte Sichtweise soll nun, anhand der Rekonstruktion der Entstehung der Hilfsschule und der dazugehörigen Begründungsmuster, näher betrachtet werden.

4. Lernbehinderung als organisatorisch bedingte Größe und deren Niederschlag in der pädagogischen Semantik

4.1 Hilfsschulbedürftigkeit/Lernbehinderung als systemisch bedingtes Begründungsmuster aufgrund der Exklusion aus der Regelschule

Im folgenden sei ein Blick auf den historischen Vorgang der Ausdifferenzierung der Hilfsschule im Spannungsfeld von spezifischer Organisationsform der Volksschule und Durchsetzung der allgemeinen Schulpflicht geworfen. Jener Vorgang soll unter Zuhilfenahme systemtheoretischer Überlegungen in den Blick genommen werden, um die Hilfsschulentstehung als Konsequenz der spezifischen Organisationsform des Schulsystems greifbar machen zu können, wobei hier auch die anthropologisch orientierten Begründungsmuster für ein eigenständiges Hilfsschulwesen als Begleitphänomen des Konsolidierungsprozesses fokussiert werden sollen. Die folgenden Ausführungen lassen sich also von der Vorstellung leiten, daß die „Hilfsschulbedürftigkeit", ebenso wie die heutige Bezeichnung der „Lernbehinderung" oder des „sonderpädagogischen Förderbedarfs", insofern ein lediglich theoretisches Konstrukt darstellen, als daß eine „in die Schulorganisation eingebaute Leistungsschwäche" umtransformiert wird in eine „Leistungsschwäche der Schüler und Schülerinnen".

Dieser Sachverhalt läßt sich historisch aufzeigen: Zunächst nämlich ist der Umstand zu gewärtigen, daß das Hilfsschulsystem[16] eine aus der Volksschule ausgegliederte und dieser gegenüber spezialisierte Einrichtung darstellt. Im Zuge der Durchsetzung der allgemeinen Schulpflicht in der zweiten Hälfte des 19. Jahrhunderts und der damit einhergehenden Institutionalisierung der achtklassigen Volksschule tritt das Problem der „Schulversager" und „Schulversagerinnen" auf den Plan.

„Die Volksschule bildet sich in der zweiten Jahrhunderthälfte als Institution heraus, in der das für die Leistung gesellschaftlicher Durchschnittsarbeit notwendige Mindestmaß an allgemeinen Fähigkeiten und Fertigkeiten vermittelt wurde. Je *präziser* dieses Mindestmaß durch schulorganisatorische Maßnahmen, durch Lehrpläne und Erziehungsaufträge definiert wurde, desto schärfer mußte sich das Problem der ‚Schulversager' abzeichnen, deren Schulleistungen dieses Mindestmaß aus verschiedenen Gründen nicht erreichten" (Altstaedt 1977, S. 64, kursiviert von M. O.).

Dieser Sachverhalt des Nichterreichens der für alle Schüler und Schülerinnen identischen und für das Durchlaufen der „normalen" Schulkarriere verbindlichen Leistungsanforderungen wurde bereits von dem wichtigsten Propagandisten der Hilfsschulvertreter, Heinrich E. Stötzner, im Institutionalisierungsprozeß eines eigenständigen Hilfsschulwesens als Ausgangspunkt für die Identifizierung von hilfsschulbedürftigen Kindern übernommen. Die Identifizierung der Klientel lief über das Begründungsmuster der „geistigen Leistungsschwächen", welche die Notwendigkeit einer eigens vorzunehmenden Be-

---

16 1867 wurde die erste selbständige Nachhilfeklasse für „schwachsinnige" Kinder in Dresden eingerichtet. In den 1870er Jahren erfolgte in einigen Städten die Einrichtung von Hilfsklassen. Als Gründungswelle für eigenständige Hilfsschulen können die 1880er Jahre angesehen werden, in welchen außerdem existente Nachhilfe- oder Hilfsschulklassen in eigenständige Institutionen umgewandelt wurden (vgl. Altstaedt 1977).

schulung auch dahingehend untermauern sollten, daß die „geistig Schwachen" den Schulablauf hemmen:

„Die Volksschule hat andere Aufgaben zu lösen als sich mit geistig Schwachen und Stumpfsinnigen herumzumühen. Diese hindern und hemmen nur. Wieviel Höheres würde sie erreichen können, wenn sie von der Sorge um diese befreit würde? Man nehme die Schwächsten aus der Volksschule heraus, und man wird letztlichere instand setzen, umso eher den Forderungen der Gegenwart nachzukommen" (Stötzner[17] zitiert in ebd., S. 64).

Hierbei wird mehreres deutlich: Einmal klingt an, daß die sich als eigene Profession formierenden Hilfsschulvertreter zur Begründung der Notwendigkeit der Etablierung eines eigenständigen Berufsfeldes auf die Definition einer nunmehr zu spezifizierenden Eigenart ihrer Klientel – der Hilfsschüler und Hilfsschülerinnen – zurückgegriffen haben (vgl. Moser 1999). Damit ist das für die Ausdifferenzierung eines eigenständigen Hilfsschulsystems relevante Begründungsmuster von Anbeginn an individuenzentriert verfaßt und der offensichtliche Bezug der Behinderung des schulischen Betriebs, der vermieden werden soll und durch den der Ausschluß erst produziert wird, auf die „Abweichung" einer bestimmten Schüler- und Schülerinnenklientel vom Normalmodell der Bildsamkeit abgeschoben. Die hier zugehörige Etikette bzw. Begrifflichkeit hieß „Schwachsinn". Dabei ist das Bestreben dahin gegangen, das primär durch die Eigenlogik des Systems (Jahrgangsklasse und Programmierung) erzeugte Phänomen der Hilfsbedürftigkeit der Schüler und Schülerinnen medizinisch-biologisch, letzten Endes naturwissenschaftlich zu untermauern. Damit war zwangsläufig das Postulat verknüpft, daß die Hilfsbedürftigkeit der Schüler und Schülerinnen das Resultat einer bleibenden Schädigung und somit nicht behebbar sei, obwohl schon Stötzner die Lebensverhältnisse der ärmeren Volksklassen als Ursachenfaktor für die Hilfsschulbedürftigkeit herausstellte. Mit dieser Kenntnisnahme wurde allerdings nicht die Möglichkeit einer kompensatorischen Programmatik veranschlagt:

„Wenn Stötzner (...) die gesellschaftlichen Determinanten des ‚Idiotismus' und des ‚Schwachsinns' reflektierte, so bedeutet das jedoch nicht, daß er mit seinem Konzept

---

17 Heinrich E. Stötzner veröffentlichte 1864 erstmals sein Buch „Schulen für schwachbefähigte Kinder".

einer Hilfsschulerziehung eine Art kompensatorischen Unterricht ansteuerte. Intellektuelle Rückständigkeit bzw. ‚Schwachsinn' waren für Stötzner bleibende Schädigungen, die auf keinen Fall durch Nachhilfeunterricht zu beheben wären" (Altstaedt 1977, S. 87).

Dieses statische Schwachsinnskonstrukt wurde entgegen den von der damaligen Psychiatrie und Medizin bereits angemeldeten Zweifeln hinsichtlich der empirischen Feststellbarkeit von „Schwachsinn" dennoch sowohl als Kategorisierungsprinzip für die Schüler und Schülerinnen wie auch als Begründungsmuster für die Notwendigkeit der Etablierung eines eigenständigen Hilfsschulwesens verwendet (vgl. ebd).

Eine detailgenaue, historische Rekonstruktion der Entstehung der Hilfsschule, als auch der daran anschließenden heilpädagogischen Disziplin und deren Rückgriff auf eben solche individuenzentrierten Erklärungs- und Begründungsmuster, kann an dieser Stelle nicht geleistet werden.

Festgehalten werden muß aber, daß dem Prozeß der Ausdifferenzierung des Hilfsschulwesens als weiteres heilpädagogisches Arbeitsfeld[18] im ersten Drittel des 20. Jahrhunderts die Etablierung der heilpädagogischen Disziplin folgt, welche den anthropologisch argumentierenden Strang der Profession weiter fortschreibt:

> „Die Inklusion in das Subsystem der Sonderpädagogik vollzieht sich auf der Ebene der Theoriebildung analog und zwar in diesem Fall mittels eines spezifischen anthropologischen Diskurses" (Moser 2000, S. 49).

Dies soll im folgenden kurz aufgezeigt werden, um deutlich zu machen, daß die entstehende *Disziplin* die Begründungsmuster der *Profession* aufgreift und dazu beiträgt, daß der durch das System bedingte Ausschluß von Kindern aus dem „normalen" Bildungssystem zunehmend zu einer generalisierenden Beschreibung all jener Kinder führt, welche die Inklusionsbedingungen des Schulsystems nicht erfüllen.

Die „Gesamtseelenschwäche" als erstes heilpädagogisches Paradigma erlaubt es nun nämlich erstmals, Praxis und Theorie unter

---

18 Die Tätigkeitsfelder der heilpädagogischen Profession bestehen zunächst, neben der hier im Zentrum des Interesses stehenden Hilfsschule, vor allem aus den im 19. Jahrhundert entstandenen Privatanstalten und der Sozialfürsorge, die sich zu Beginn des 20. Jahrhunderts etabliert (vgl. hierzu ausführlicher Moser 1998).

Rückgriff auf ein individuenzentriertes Deutungsmodell zu konturieren (Moser 1999, S. 282; Moser 1998). Menschen mit sogenannten Behinderungen werden nun also, durch die Bezugnahme auf das Konstrukt der Seelenschwäche in ihrer Vielschichtigkeit und unter Rückgriff auf einen hoch abstrakten, individuenzentrierten Begriff der „Andersartigkeit", als relativ geschlossene Gruppe dargestellt, so daß dieses Konstrukt als Vorläufer des Behinderungsbegriffs angesehen werden kann (vgl. Moser 1999). Der Behinderungsbegriff erlangt in den 1960er Jahren seine „herausragende Bedeutung als abstrakte Generalisierung", indem er als verallgemeinernder Begriff in den verschiedenen Teilsystemen des Rechts, der Gesundheit, dem System sozialer Sicherung usw. aufgenommen wird (Lindmeier 1993, S. 28). Als sonderpädagogischer Begriff wird der Terminus Behinderung 1972 von Ulrich Bleidick mit der Formel der „Behinderung als intervenierende Variable im Erziehungsprozeß" eingeführt (vgl. Moser 1999; Bleidick 1984). Mit dieser Formel wird nun, dem Zeitgeist entsprechend, Behinderung nicht mehr vornehmlich als medizinischer Defekt, sondern in erziehungswissenschaftlicher Perspektive als notwendige und besondere pädagogische Aufgabe für jene Klientel entworfen, deren Bildsamkeit als gestört angesehen wird.

In den 1970er Jahren gerät allerdings der medizinisch konzipierte und damit statische Lernbehinderungsbegriff, der ja Grundlage der heil- und sonderpädagogischen Theorie und Praxis war, zunehmend ins Zentrum der Kritik und wird

„im Zusammenhang mit neueren sozialwissenschaftlichen Forschungsergebnissen und der Infragestellung verschiedener sonderpädagogischer Positionen in zunehmendem Maße Gegenstand von Klärungs- und Definitionsversuchen" (Eberwein 1996, S. 36).

Neben das bis in die 70er Jahre vermeintlich in sich geschlossene lernbehindertenpädagogische Gesamtkonzept, welches Lernbehinderung als unausweichliche Folgebeeinträchtigung aufgrund einer medizinisch mehr oder minder nachweisbaren „Schädigung" definiert und als *personenorientiertes oder individualtheoretisches Paradigma* bezeichnet werden kann, traten nunmehr jene drei weiteren Erklärungsmodelle, welche (Lern)-Behinderung unter anderen Prämissen erklärbar machen bzw. erklärbar machen sollen: das *sozialpsychologische oder interaktionistische Paradigma*, das *schulorganisatorische oder systemtheoretische Paradigma* sowie das *politökonomische oder gesellschaftstheoretische Paradigma* (vgl. ebd.; Bleidick 1977).

1996 stellt Hans Eberwein bezüglich dieser mittlerweile wissenschaftstheoretischen Diskussionen fest:

„interaktionstheoretische als auch organisations- und gesellschaftstheoretische Erkenntnisse haben (...) nur in geringem Maße Eingang in die sonderpädagogische Theorie- und Begriffsbildung gefunden" (Eberwein 1996, S. 37).

Das individuenzentrierte und sozusagen anthropologisch normative Konzept scheint also die *Praxis* weiterhin zu legitimieren und dies selbst dann, wenn, wie im Zuge der wissenschaftlichen Diskussion um den Paradigmenwechsel in der Sonderpädagogik geschehen, der Behinderungsbegriff nicht mehr unangefochten im Zentrum der Argumentation steht. Für die Konturierung der Sonderpädagogik als Disziplin und Praxis hat sich damit also bisher als konstant herausgestellt, daß

„‚besondere Erziehungsbedürfnisse' geltend gemacht werden, [und, M. O.] daß allerdings diese Argumentation weiterhin grundlegend im Sinne einer anthropologischen Konstitutionsfigur in Verbindung mit einer spezifisch (berufs-)ethischen Dimensionierung der Handlung für die Sonderpädagogik herangezogen wird" (Moser 2000, S. 53f.).

Daß dem so ist, läßt sich verständlich machen, wenn man sich die historisch nachweisbare und vornehmlich anthropologische Orientierung der Sonderpädagogik und zudem die ungemeine Praktikabilität der letztlich individuen- und somit anthropologisch konnotierten, defektorientierten Ansätze für die Rechtfertigung der bestehenden SOLB und die gängige Selektionspraxis an den Grundschulen vor Augen hält.

Auch die Tatsache, daß innerhalb des Sonderschulwesens die Gruppe der vermeintlich lernbehinderten Kinder 80% aller Sonderschüler und Sonderschülerinnen ausmacht, spricht für die Plausibilität der Vermutung, daß der Begriff der Lernbehinderung und dessen Spielarten Konstrukte darstellen, die sich aus ihrer Funktionalität für das bestehende Regelschulsystem erklärbar machen (vgl. Eberwein 1996).

Als Folgerung aus dem bisherigen Gedankengang, daß also die „Devianz" der Schüler und Schülerinnen eine durch das Homogenitätsprinzip der Lerngruppe und damit systemisch erzeugte Größe ist, läßt sich sagen, daß der Begriff der Lernbehinderung und seine Spielarten eine *funktionale Kategorie* darstellen (vgl. Lindmeier 1993). Dies wiederum bedeutet, daß die Systemdifferenzierung umgemünzt wird in eine Merkmalsdefinition bestimmter Schüler- und Schülerinnengruppen und damit in eine Individualkategorie.

Systemtheoretisch gesehen stellt jede sogenannte Behinderung ein Produkt systemischer Organisationsformen und der zugehörigen Dialektik von Inklusion und Exklusion dar. Für den vorliegenden Fall bedeutet dies allerdings, daß das Schulsystem selbst Lernbehinderung erst dann erzeugt, wenn die Beachtung der individuellen Lern- und Sozialisationsvoraussetzungen von Migrantenkindern, ebenso wie die der Unterschichtskinder, nicht realisiert und eine vermeintliche Homogenität der Schüler und Schülerinnen innerhalb der Unterrichtsverläufe immer wieder vorausgesetzt wird.

5. Sozialschichtspezifische Selektivität des Regelschulsystems und deren Konsequenzen

5.1 Die Relevanz des inkorporierten Kulturkapitals für den Erfolg im mittelschichtorientierten Schulsystem

Um die Bildungsbenachteiligung von Migrantenkindern durch die prinzipielle Gleichbehandlung im deutschen Regelschulsystem näher zu erläutern, bietet es sich an, auf das Konzept des kulturellen Kapitals von Pierre Bourdieu zurückzugreifen.

Bourdieu führte den Begriff des kulturellen Kapitals ein, um erklärbar zu machen, wie es im Bildungswesen ohne formale Zugangsschranken zur Benachteiligung bzw. Bevorzugung bestimmter sozialer Schichten kommt:

„Der Begriff des kulturellen Kapitals hat sich mir bei der Forschungsarbeit als theoretische Hypothese angeboten, die es gestattete, die Ungleichheit der schulischen Leistungen von Kindern aus verschiedenen sozialen Klassen zu begreifen" (Bourdieu 1983, S. 185).

Nach Bourdieu differenziert sich das kulturelle Kapital in *objektiviertes Kulturkapital*[19], *institutionalisiertes Kulturkapital*[20] und das hier im Zentrum der Aufmerksamkeit stehende *inkorporierte Kulturkapital*.

Das inkorporierte Kulturkapital stellt jene Form des kulturellen Kapitals dar, welche an eine einzelne Person gebunden ist und bei welchem das Delegationsprinzip ausgeschlossen ist:

„Die Akkumulation von Kultur in inkorporiertem Zustand (...) setzt einen *Verinnerlichungsprozeß* voraus, der in dem Maße, wie er Unterrichts- und Lernzeit erfordert, *Zeit kostet.* (...) Wer am Erwerb von Bildung arbeitet, arbeitet an sich selbst, er ‚bildet sich'. Das setzt voraus, daß man ‚mit seiner Person bezahlt', wie man im Französischen sagt" (Bourdieu 1983, S. 186, Hervorhebung im Original).

Das inkorporierte Kulturkapital ist nun deshalb von zentraler Bedeutung, weil das in der Familie akkumulierte Kapital im Bildungswesen verwertbar sein muß, um günstige Startbedingungen zu ermöglichen. Die Situation von Migrantenkindern im deutschen Regelschulsystem stellt sich, vergleichbar mit der der deutschen Unterschichtskinder, wie folgt dar:

„Die Sprachkenntnisse oder das Wissen um soziale Verhaltensweisen des Kindes aus einer Arbeits- oder Flüchtlingsfamilie ist beispielsweise in der bundesdeutschen Schule weitgehend nicht verwertbar, teilweise steht es sogar schulischem Erfolg entgegen" (Wenning 1999, S. 243).

Im Gegensatz zu solchen Kindern der deutschen Mittel- oder Oberschicht, welche in Familien mit einem in der Schule „verwertbaren" Kulturkapital aufwachsen und außerdem die gesamte Zeit ihrer kindlichen Sozialisation zur Akkumulation des Kulturkapitals nutzen können, stellt die Situation der Migrantenkinder ebenso wie die deutscher Unterschichtskinder eine gänzlich andere und faktisch ungleichberechtigte dar, da ihre mitgebrachten Fähigkeiten, gemessen am schuli-

---

19 Das objektivierte Kulturkapital ist in Form von „kulturellen Gütern, Bildern, Büchern, Lexika, Instrumenten" ebenso wie ökonomisches Kapital von einer Person zu einer anderen übertragbar (Bourdieu 1983, S. 185).

20 Das institutionalisierte Kulturkapital impliziert, z. B. in Form eines schulischen Titels, ein Zeugnis anerkannter kultureller Kompetenz im Gegensatz zu dem Wissen eines Autodidakten oder einer Autodidaktin (vgl. Bourdieu 1983).

schen und bekanntermaßen mittelschichtsorientierten Standard, oftmals in Hindernisse des schulischen Erfolgs umschlagen.

Es kann also nunmehr festgehalten werden, daß die im Sozialisationsprozeß erworbenen Fähigkeiten einzelner Kinder durch das Konzept des inkorporierten Kulturkapitals beschrieben werden können, und daß das Kulturkapital der höheren Schichten, wie z. B. ein spezifischer Umgang mit Sprache oder auch die Beherrschung bestimmter Verhaltensweisen, die Schullaufbahn dieser Kinder begünstigt, was auf die Verwertbarkeit ihrer mitgebrachten Fähigkeiten innerhalb der Schule zurückgeführt werden kann. Ergänzend kann außerdem festgehalten werden, daß all jene Kinder weit ungünstigere Startbedingungen in der Schule haben, deren Kulturkapital den dort erwarteten Fähigkeiten nicht entspricht.

5.2 Die schichtspezifische Klientel der Sonderschule für lernbehinderte Kinder

Im folgenden soll die Diskussion um die soziale Benachteiligung der Schüler und Schülerinnen an der SOLB kurz aufgenommen werden, die in den 1970er Jahren im Zuge der Rezeption der schichtspezifischen Sozialisationsforschung durch die deutsche Sonderpädagogik verstärkt diskutiert wurde. Die Ergebnisse, welche hier vor allem in Anlehnung an Ernst Begemann dargestellt werden sollen, machen es anschließend möglich, die Überrepräsentation von Migrantenkindern an der SOLB als einen sozialen Tatbestand greifbar zu machen, der seine Wurzeln weniger in ethnischen Differenzen hat, sondern vielmehr dadurch bedingt ist, daß jene Kinder aufgrund der sozialschichtspezifischen Selektivität des deutschen Regelschulsystems an den schulischen Anforderungen scheitern.

Begemann konnte, was auch in folgenden Untersuchungen belegt wurde, nachweisen, daß 80-90% der Schüler und Schülerinnen an der SOLB aus unteren sozialen Schichten stammen (vgl. Begemann 1970). Da in vielen Untersuchungen erwiesen wurde, daß das Schulversagen um sprachliche Phänomene zentriert ist, soll jener Aspekt kurz anhand der Begemannschen Analysen anskizziert werden, da dieser Aspekt vermutlich auch für die Migrantenkinder erhebliche Bedeutung hat (vgl. Willand 1983).

Die Gründe für das schulische Scheitern von Unterschichtskindern aufgrund ihres schichtspezifisch anderen Umgangs mit der deutschen Sprache zentrieren sich nach Begemann um die Sachverhalte, daß diese Kinder

1. „die für eigene Lernprozesse notwendige differenzierte Sprachform nicht besitzen,
2. die Sprache der Schule als ‚Mittelklasseninstitution' nicht verstehen,
3. durch ihre Sprache als ‚minderbefähigte' Unterschichtskinder auffallen,
4. ohne Verständnis sind für die Wertorientierungen und allgemeinen Kommunikationsformen der anderen sozio-kulturellen Gruppen und
5. in der Sprache kein Mittel haben, um sich distanziert affektiv zu entlasten" (Begemann 1970, S. 122).

All jene Aspekte kumulieren nach Begemann zu einer – gemessen am Maßstab der Chancengleichheit – sozio-kulturellen Benachteiligung der Unterschichtskinder, da deren Schulversagen durch einen „folgenreichen Milieubruch" verursacht wird, also nicht durch ein (statisches) Intelligenzkonstrukt[21] erklärbar ist (ebd., S. 122).

Die Tatsache, daß die SOLB eine Schule für sozio-kulturell benachteiligte Kinder darstellt, scheint heute ein bekanntes und nicht zu leugnendes Faktum zu sein: „Was heute auch unter Traditionalisten konsensfähig ist, war 20 Jahre zuvor noch umstritten" (Mand 1996, S. 166).

Die Überrepräsentation von Migrantenkindern an der SOLB scheint nun auch dahingehend erklärbar zu sein, daß jene Kinder, entsprechend den deutschen sozio-kulturell benachteiligten Schülern und Schülerinnen, Lern- und Sozialisationsvoraussetzungen mit in die

---

21 Begemann konnte, diese Tatsache unterstützend, nachweisen, daß „in der Grundschule (...) also bestimmte Kinder zu Versagern werden, obwohl sie sich nach dem Ergebnis im Intelligenztest nicht von der Hälfte der Volksschüler unterscheiden. Etwa die Hälfte der Hilfsschüler erreicht IQ-Werte über 80 (...). Ihr Versagen ist nicht durch eine Schwäche des intellektuellen Vermögens zu erklären" (Begemann 1970, S. 52).

Schule bringen, welche konträr zu den erwarteten und angeforderten stehen.

Klaus Klemm spricht beispielsweise unter Bezugnahme auf die unterschiedliche Sozialstruktur des nicht-deutschen Bevölkerungsteils von einem Prozeß der „Normalisierung", welcher dahingehend gedeutet wird, daß die „Daten zur Selektivität in den Bildungswegen der Sekundarstufe I ganz dicht bei den entsprechenden Daten für deutsche Arbeiterkinder liegen" (Klemm 1994, S. 183). Im Gegensatz dazu verweist eine andere Untersuchung auf das Ergebnis, daß die Schulerfolge von Migrantenkindern nicht allein durch ihre sozialstrukturelle Herkunft erklärbar sind.

„Die Ergebnisse der Analyse (...) machen deutlich, daß die Kultur im Elternhaus, die über die deutsche Sprachkompetenz der Eltern operationalisiert wurde, und die frühere Schullaufbahn des Kindes unabhängig vom sozio-ökonomischen Status und anderen Kontrollvariablen wirken. (...) Werden (...) zusätzlich die deutschen Sprachkenntnisse der Eltern kontrolliert, reduziert sich diese Benachteiligung deutlich" (Alba/Handl/Müller 1994, S. 232).

Auch Wenning verweist auf den zentralen Aspekt der Sprache, welcher durch die schulische Vorbildung der Eltern beeinflußt wird und den Schulerfolg entscheidend beeinflußt (vgl. Wenning 1999). Somit ist festzuhalten, daß nicht allein die sozialstrukturelle Lagerung bestimmend für den schulischen Erfolg oder das „Schulversagen" ist, sondern vor allem das Beherrschen eines spezifischen Sprachcodes. Beides kann koinzidieren, muß aber nicht.

Im Gegensatz zum landläufigen Erklärungsmuster, welches die Bildungsbenachteiligung auf die ethnischen Differenzen der nicht-deutschen Familien zurückführt, kann an dieser Stelle mit Wenning folgendes Fazit gezogen werden:

„Insgesamt heißt dies: Ethnische Differenzierung kann den statistisch nachzuweisenden geringen Schul- und Ausbildungserfolg von Kindern und Jugendlichen aus nicht-deutschen Familien nicht erklären. Schüler und Schülerinnen aus solchen Familien schneiden im deutschen Bildungswesen schlechter ab, weil ihre Eltern im Durchschnitt sozialstrukturell niedriger einzustufen sind, weil sie im Durchschnitt eine niedrigere Vorbildung als die Eltern deutscher Schüler haben und weil sie ihren Kindern nicht die gleichen Startmöglichkeiten, vor allem hinsichtlich des Sprachvermögens in der deutschen Sprache, bieten können" (ebd., S. 232).

Die Überrepräsentation von Migrantenkindern an der SOLB scheint also dahingehend erklärbar zu sein, daß jene Familien ein – vor allem auch im jeweiligen Grad der erworbenen Sprachkompetenz sich auskristallisierendes – Kulturkapital besitzen, welches in der deutschen Mittelschichtinstitution Schule nicht verwertbar ist. Die Überweisung jener Kinder an die SOLB liegt also insofern in der routinierten schulischen Praxis mitbegründet, da jene Schulform seit jeher solche Kinder aufnimmt, deren Eltern nur eingeschränkte Möglichkeiten haben, ihre Kinder auf das geforderte Niveau der Schule vorzubereiten.

6. Die Schule als Teilsystem der Gesellschaft

Zunächst soll nun abschließend der Frage nachgegangen werden, inwiefern das Erziehungssystem als Teilsystem der funktional differenzierten Gesellschaft in Beziehung mit anderen Teilsystemen der Gesellschaft steht, um dadurch noch einmal unter Zuhilfenahme des Luhmannschen Blicks die Hemmnisse aufzeigen zu können, die einer möglichen Reform des Bildungswesens entgegenstehen.

Den Abschluß dieser Arbeit werden, vor dem Hintergrund der in dieser Arbeit vorgenommenen Analysen, einige Betrachtungen zur vorfindbaren und angeforderten Reflexionslage innerhalb der Erziehungswissenschaft als auch der Sonderpädagogik bilden.

6.1 Grenzen der Realisierbarkeit einer Strukturreform des Bildungswesens in systemtheoretischer Perspektive

Die Luhmannsche Systemtheorie hat vor allem den Blick darauf gelenkt, daß moderne, funktional differenzierte Gesellschaften nicht durch einen vorgängigen Wertkonsens oder eine den verschiedenen Teilsystemen irgendwie übergeordnete Instanz, die sowohl die soziale Ordnung wie soziale Kohäsion organisieren würde, integriert werden. Gesellschaftliche Integration wird von Luhmann primär negativ bestimmt – nämlich als Abwesenheit von Desintegration bzw. als relativ reibungsloses Funktionieren der verschiedenen Teilsysteme nebeneinander. Dafür, daß sich die einzelnen Teilsysteme wiederum nicht gegenseitig blockieren, sorgt derjenige Mechanismus, den Luhmann mit dem Begriff der „strukturellen Kopplung" belegt.

„Strukturelle Kopplung meint für ein gesellschaftliches Teilsystem wie etwa das Wissenschaftssystem nichts anderes als den Tatbestand, daß es, sofern und solange es fortbesteht, immer schon angepaßt an seine gesellschaftliche Umwelt ist – und dies einfach dadurch, daß die Umwelteinwirkungen, sofern sie vom System noch verarbeitbar sind und es nicht zerstören, (...) in dessen Programmstrukturen eingehen. Strukturelle Kopplung sorgt so für das Minimum an gesellschaftlicher Systemintegration" (Schimank 1996, S. 191).

Das Erziehungssystem ist nun, wie bereits deutlich wurde, primär an das Teilsystem der Wirtschaft gekoppelt; es fungiert hier vermittels der auch über die Programmebene abgestützten Selektionsfunktion als Karriereverteilungsapparatur.

Neben dem Mechanismus der strukturellen Kopplung kann man mit Luhmann noch weitere Mechanismen unterscheiden, durch die die Integration der Gesellschaft gewährleistet wird: Er nennt Sachzwänge, Reflexion und Kontextsteuerung (vgl. ebd.). Sachzwänge, die hier vor allem interessieren und bei denen ökologische sowie finanzielle unterschieden werden, entwickeln ihre Steuerungsleistung vor allem über eine relative Knappheit von Ressourcen. Für das Erziehungssystem und die Frage nach den Durchsetzungschancen von möglichen Reformvorhaben ist zuallererst die Ressource Geld eine bestimmende Variable.

„Die Tatsache, daß der selbstreferentielle Operationsmodus aller gesellschaftlichen Teilsysteme darauf angewiesen ist, Geld gleichsam als ‚Energie' zu verbrauchen, führt dazu, daß alle Teilsysteme um diese knappe Ressource konkurrieren" (ebd., S. 193).

Die Zuteilung von Geldern für das Erziehungssystem wird bekanntlich durch das Teilsystem der Politik geregelt, was unter der Voraussetzung von relativer Knappheit dieser Ressource und der Gegebenheit von weiteren Mitkonkurrenten um sie möglichen Reformvorhaben im Erziehungssystem oftmals fundamental im Wege steht. Mit Isabell Diehm und Frank-Olaf Radtke kann bezogen auf das hier im Zentrum des Interesses stehende Problem folgendes festgehalten werden:

„Eine Ausweitung des Bildungsangebots oder gar eine Umstrukturierung des Schulsystems, wie sie in den siebziger Jahren zugunsten der Mädchen vorgenommen wurden, stößt bezogen auf Migrantenkinder auf ideologische Widerstände und finanziellen Unwillen. Es gibt kein entgegenkommendes gesellschaftspolitisches Klima, das solche Veränderungen begünstigen würde – das Gegenteil ist wahr, auch wenn verstärkt von ‚Integration' die Rede ist" (Diehm/Radtke 1999, S. 192).

Insofern kann also gesagt werden, daß die Finanzierungsproblematik vor allem in Abhängigkeit zur Konjunktur bestimmter Themen in der Sphäre der Politik steht und damit gerade nicht davon abhängt, was Erziehungswissenschaftler und Erziehungswissenschaftlerinnen fordern.

Systemtheoretisch gesehen können in der funktional differenzierten Gesellschaft auf der Grundlage der Semantik des auf Freiheit und Gleichheit bezogenen Inklusionsuniversalismus und sogar unter Berufung auf einen durch das Grundgesetz verbürgten Rechtsanspruch zwar die z. B. durch das Erziehungssystem erzeugten Ungleichheiten thematisiert werden; der Übersetzung solcher Forderungen nach Vermeidung der Herstellung sozialer Ungleichheit in politisch verbindliche Entscheidungen steht allerdings die Eigenrationalität des Teilsystems der Politik entgegen:

„Die Beobachtung etwa, daß ein hoher Anteil von MigrantInnen politisch, im Erziehungssystem und auf dem Arbeitsmarkt benachteiligt wird, läßt sich zwar auf der Grundlage der Grund- und Menschenrechte als ein Skandal darstellen, ein Skandal, der für das politische System jedoch wesentlich nur unter Gesichtspunkten der Machterhaltung relevant wird" (Scherr 1999, S. 47).

In systemtheoretischer Perspektive muß allerdings noch ein Weiteres festgehalten werden: Selbst wenn es dazu kommen sollte, daß immer wieder geforderte Reformen des Schulsystems in die Praxis umgesetzt werden sollten und damit wenigstens auf seiten des Erziehungssystems die Voraussetzungen dafür geschaffen wären, daß Migrantenkinder nicht schon von vornherein einer Benachteiligung ausgesetzt sind, gilt es zu bedenken, daß die Inklusion in andere Teilsysteme wiederum durch von diesen selbst festgelegte Kriterien geregelt wird. Mit anderen Worten: Das Erziehungssystem kann zwar im günstigsten Falle für mehr Gerechtigkeit im eigenen Hause sorgen, was allerdings noch lange nicht gewährleistet, daß diese Ausgangslage auch zu verbesserten Chancen in anderen Teilsystemen der Gesellschaft führt, wie sich z. B. an der inzwischen erfolgreichen Beteiligung von Mädchen im Bildungssystem zeigen läßt; diese haben dadurch gerade nicht automatisch ihre Position im Wirtschaftssystem verbessern können (vgl. Arbeitsgruppe Bildungsbericht 1994). Trotz allem ist die notwendige Chancengleichheit innerhalb des Erziehungssystems natürlich ein zentraler Aspekt, da der Grad der dort gewonnenen Zertifikate als Voraussetzung für die daran anschließende, je spezifische Inklusion in das Beschäftigungssystem fungiert, wodurch wiederum weitere Inklusions- oder Exklusionschancen in andere Teilsysteme entscheidend beeinflußt werden (vgl. Diehm/ Radtke 1999).

6.2 Zur Reflexionslage in der Erziehungswissenschaft und Sonderpädagogik

Ein wichtiges Ergebnis der vorliegenden Analyse, daran soll hier nochmals erinnert werden, besteht darin, daß vornehmlich individuenzentrierte Ansätze, die also – wie wohlmeinend immer – kulturelle oder ethnische Differenzen als Erklärungsmuster für die Benachteiligung von Migrantenkindern im deutschen Regelschulsystem heranziehen, in der Praxis an den Schulen oftmals eine recht eigensinnige Verwendungsweise finden, insofern sie hier nämlich allzu oft zu Zwecken der Legitimation der vorgenommenen Entscheidungs- und Aussonderungspraxis benutzt werden. Aber mehr noch: Für die Sonderpädagogik gilt, daß ein Großteil der Diskussionen um die „Lernbehinderung" – zumindest nach den hier gewonnenen Ergebnissen – schlichtweg verkehrt geführt wird. „Lernbehinderung" stellt sich in der hier eingenommenen Perspektive nämlich als systemisch erzeugte Größe dar. Insofern erstaunt vor allem, daß die Diskussion um die „Lernbehinderung" vornehmlich aus einer individuenzentrierten Blickrichtung geführt wird, zumal unter Hinzunahme der (bekannten) Tatsache, daß bis heute kein wissenschaftlich valides und anerkanntes Konzept vorliegt, das überhaupt sagen könnte, was „Lernbehinderung" denn sei.

Überdies stimmt bedenklich, daß die einfache Beobachtung, daß eine bestimmte Bevölkerungsgruppe kollektiv lernbehinderter sei als der Rest der Schülerpopulation, auf Ebene der Theoriebildung nur unwesentlich zur Kenntnis genommen bzw. vornehmlich mit kulturalisierenden Begründungsmustern beantwortet wird.

Dazu paßt, daß in der Erziehungswissenschaft eine Analyse, die die Problematik der Lernbehinderung mit der Migrationsproblematik auf konstruktive Weise verbinden würde, nicht geführt wird; die Paradoxie eines solchen Unterfangens würde vermutlich sofort ins Auge springen.

In Anschluß an die Ergebnisse dieser Arbeit soll an dieser Stelle die Forderung pointiert hervorgehoben werden, daß eine erziehungswissenschaftliche und sonderpädagogische Ausbildung in Vorbereitung auf den Schuldienst jene Wirklichkeitsbeschreibung beinhalten soll, welche eben *auch* möglich ist: diejenige Wirklichkeitsbeschreibung nämlich, die das Schulversagen gerade nicht über das Vehikulum einer anthropologischen Normalitätsvorstellung zu klären versucht, sondern den Blick auf die systemeigenen Faktoren lenkt und damit alle anthropologisch arbeitenden Theorieangebote in ein etwas anderes Licht rückt. Gefordert wäre also eine Sensibilisierung der zukünftigen Praktiker und Praktikerinnen für die Mechanismen institutionalisierter Diskriminierung ebenso wie darauf, daß „Lernbehinderung" keine im Schüler oder der Schülerin vorfindbare „Behinderung" ist, sondern durch die verschiedenen Bedingungsfaktoren des Schulsystems erst erzeugt wird.

Für die pädagogische Praxis und die Ausbildung der Praktiker und Praktikerinnen dürfte eine Sensibilisierung für die systembedingten Prozesse und deren Konsequenzen allemal wichtig sein, denn wenn nur schwerlich das System selbst zu ändern ist, dann kann nur eine erhöhte Reflexion auf das, was das System macht, einen wesentlich selbstkritischeren und somit verantwortungsvolleren Umgang mit den Schülern und Schülerinnen gewährleisten.

In diesem Sinne wäre abschließend an die Sonderpädagogik und die Pädagogik die Frage zu richten, inwieweit es weiterhin als legitim erachtet werden kann, diese grob ins Auge fallenden Unstimmigkeiten, welche in dieser Arbeit aufgezeigt wurden, weiterhin im Horizont einer vornehmlich anthropologischen Erklärungsperspektive anzugehen.

Freilich ist Selbstkritik kein leichtes Unterfangen. Für die Sonderpädagogik bietet sich jedoch durch systemtheoretische Analysen des Schulsystems und einer kritischen Reflexion ihrer Entstehungsgeschichte ein neuer Blick auf den ihr zugesprochenen Gegenstand – den sogenannten behinderten Menschen – an. Die derzeitige Diskussion um den Paradigmenwechsel schreibt für die Sonderpädagogik eine andere und notwendige Orientierung vor. Eine davon ist die kritische Infragestellung der eigenen Institution und das Eintreten für solche Schulformen, welche allen Kindern in ihrer Verschiedenheit gerecht zu werden versuchen. Eine solche Schullandschaft würde allem systemtheoretischen Pessimismus zum Trotz – auch Migrantenkindern eine Chance einräumen, im deutschen Schulsystem einen gerechteren Weg zu gehen.

Literatur

Alba, Richard/Handl, Johann/Müller, Walter 1994: Ethnische Ungleichheit im deutschen Bildungssystem. In: Kölner Zeitschrift für Soziologie und Sozialpsychologie. 46. Jg., 1994, Heft 2, S. 209-237

Altstaedt, Ingeborg 1977: Lernbehinderte. Kritische Entwicklungsgeschichte eines Notstandes: Sonderpädagogik in Deutschland und Schweden. Reinbek bei Hamburg

Arbeitsgruppe Bildungsbericht am Max-Planck-Institut für Bildungsforschung 1994: Das Bildungswesen in der Bundesrepublik Deutschland. Strukturen und Entwicklungen im Überblick. Reinbek bei Hamburg

Auernheimer, Georg/von Blumenthal, Viktor/Stübig, Heinz/Willmann, Bodo 1996: Interkulturelle Erziehung im Schulalltag. In: Keim Wolfgang (Hrsg.): Jahrbuch für Pädagogik. Pädagogik in multikulturellen Gesellschaften. Frankfurt am Main/Berlin/Bern/New York/Paris/Wien/Lang

Baraldi, Claudio/Corsi, Giancarlo/Esposito, Elena 1999: Glossar zu Niklas Luhmanns Theorie sozialer Systeme. Frankfurt am Main

Begemann, Ernst 1970: Die Erziehung der sozio-kulturell benachteiligten Schüler. Hannover

Begemann, Ernst 1975: Die Bildungsfähigkeit der Hilfsschüler. Soziokulturelle Benachteiligung und unterrichtliche Förderung. Berlin

Begemann, Ernst 1996: (Miß-) Deutungen der Sprache von ‚Lernbehinderten'. In: Eberwein, Hans (Hrsg.): Handbuch Lernen und Lern-Behinderungen. Aneignungsprobleme. Neues Verständnis von Lernen. Integrationspädagogische Lösungsansätze. Weinheim/Basel

Bleidick, Ulrich 1977: Pädagogische Theorien der Behinderung und ihre Verknüpfung. In: Zeitschrift für Heilpädagogik. 28. Jg., 1977, Heft 4, S. 207-229

Bleidick, Ulrich 1984: Pädagogik der Behinderten. Grundzüge einer Theorie der Erziehung behinderter Kinder und Jugendlicher. Berlin

Bleidick, Ulrich/Hagemeister, Ursula 1998: Einführung in die Behindertenpädagogik. Bd. 1. Stuttgart/Berlin/Köln

Bommes, Michael/Radtke, Frank-Olaf 1993: Institutionalisierte Diskriminierung von Migrantenkindern. Die Herstellung ethnischer Differenz in der Schule. In: Zeitschrift für Pädagogik. 39. Jg., 1993, Heft 3, S. 483-497

Boos-Nünning, Ursula 1976: Bikulturelle oder gestörte Sozialisation? Die psychische Entwicklung ausländischer Kinder. In: Boos-Nünning, Ursula/Hohmann, Manfred/Reich, Hans H.: Integration ausländischer Arbeitnehmer. Schulbildung ausländischer Kinder. Studienreihe zur Kommunalpolitik. Schriftenreihe des Instituts für Kommunalwissenschaften. Bd. 14. Bonn

Bourdieu, Pierre 1983: Ökonomisches Kapital, kulturelles Kapital, soziales Kapital. In: Kreckel, Reinhard (Hrsg.): Soziale Ungleichheiten. Soziale Welt: Sonderband 2. Göttingen

Brunkhorst, Hauke 1992: Systemtheorie. In: Lenzen, Dieter/Mollenhauer, Klaus (Hrsg.): Enzyklopädie Erziehungswissenschaft: Handbuch und Lexikon der Erziehung in 11 Bänden und einem Registerband. Bd. 1: Theorien und Grundbegriffe der Erziehung und Bildung. Stuttgart

Diehm, Isabell/Radtke, Frank-Olaf 1999: Erziehung und Migration. Eine Einführung. Stuttgart/Berlin/Köln

Ditton, Helmut 1992: Ungleichheit und Mobilität durch Bildung. Theorie und empirische Untersuchung über sozialräumliche Aspekte von Bildungsentscheidungen. Weinheim/München

Ditton, Hartmut 1993: Bildung und Ungleichheit im Gefüge von Unterricht, Schule und Schulsystem. In: Die Deutsche Schule. Zeitschrift für Erziehungswissenschaft, Bildungspolitik und pädagogische Praxis. 85. Jg., 1993, Heft 3, S. 350-363

Eberwein, Hans 1979: Zur Revision des Selbstverständnisses der Lernbehindertenpädagogik. Versuch eines mehrperspektivisch orientierten Ansatzes. Frankfurt am Main

Eberwein, Hans (Hrsg.) 1996: Handbuch Lernen und Lern-Behinderungen. Aneignungsprobleme. Neues Verständnis von Lernen. Integrationspädagogische Lösungsansätze. Weinheim/Basel

Ehrenspeck, Yvonne/Rustemeyer, Dirk 1996: Bestimmt unbestimmt. In: Combe, Arno/Helsper, Werner (Hrsg.): Pädagogische Professionalität. Untersuchungen zum Typus pädagogischen Handelns. Frankfurt am Main

Feagin, J. R./Feagin, C. B. 1986: Discrimination American Style. Institutional Racism and Sexism. Malabar

Gomolla, Mechthild 1997: Mechanismen institutionalisierter Diskriminierung in Bildungsorganisationen. Am Beispiel von Selektionsentscheidungen im Primarbereich. In: Waldhoff, Hans-Peter/Tan, Dursun/Kürsat-Ahlers, Elcin (Hrsg.): Brücken zwischen Zivilisationen. Zur Zivilisierung ethnisch-kultureller Differenzen und Machtungleichheiten. Das türkisch-deutsche Beispiel. Frankfurt am Main

Gomolla, Mechthild/Radtke, Frank-Olaf 2000: Mechanismen institutionalisierter Diskriminierung in der Schule. In: Gogolin, Ingrid/Nauck, Bernhard (Hrsg.): Migration, gesellschaftliche Differenzierung und Bildung. Resultate des Forschungsschwerpunktprogramms FABER. Opladen

Hentig von, Hartmut 1993: Die Schule neu denken. Eine Übung in praktischer Vernunft. München

Herrlitz, Hans-Georg/Hopf, Wulf/Titze, Hartmut 1998: Deutsche Schulgeschichte von 1800 bis zur Gegenwart. Weinheim/München

Hessisches Kultusministerium (Hrsg.) 1996: Richtlinien für Unterricht und Erziehung in der Schule für Lernhilfe. Wiesbaden

Hofsäss, Thomas Reinhold 1993: Die Überweisung von Schülern auf die Hilfsschule und die Schule für Lernbehinderte. Eine historisch-vergleichende Untersuchung. Berlin

Hüttenberger, Michael 1999: Grundschulalltag zwischen Integration und Selektion – Der Heterogenitätsanspruch und die Sehnsucht nach Homogenität. In: Radtke, Frank-Olaf (Hrsg.): Die Organisation von Homogenität. Jahrgangsklassen in der Grundschule. Frankfurt am Main

Ingenkamp, Karlheinz 1969: Zur Problematik der Jahrgangsklasse. Eine empirische Untersuchung von Karlheinz Ingenkamp. Weinheim/Berlin/Basel

Jantzen, Wolfgang 1977: Konstitutionsprobleme materialistischer Behindertenpädagogik. Gesammelte Aufsätze. Lollar

Kade, Jochen 1999: System, Protest und Reflexion. Gesellschaftliche Referenzen und theoretischer Status der Erziehungswissenschaft/Erwachsenenbildung. In: Zeitschrift für Erziehungswissenschaft. 2. Jg., 1999, Heft 4, S. 527-543

Klemm, Klaus 1994: Erfolg und strukturelle Benachteiligung ausländischer Schüler im Bildungssystem. In: Luchtenberg, Sigrid/Nieke, Wolfgang (Hrsg.): Interkulturelle Pädagogik und Europäische Dimension. Herausforderungen für Bildungssystem und Erziehungswissenschaft. Münster/New York

Kornmann, Reimer/Klingele, Christoph 1996: Ausländische Kinder und Jugendliche an Schulen für Lernbehinderte in den alten Bundesländern – Noch immer erheblich überrepräsentiert und dies mit steigender Tendenz und eklatanten länderspezifischen Unterschieden! In: Zeitschrift für Heilpädagogik. 47. Jg., 1996, Heft 1, S. 2-9

Kornmann, Reimer/Klingele, Christoph/Iriogbe-Ganninger, Julian 1997: Zur Überrepräsentation ausländischer Kinder und Jugendlicher in Schulen für

Lernbehinderte: Der Trend hält an! In: Zeitschrift für Heilpädagogik. 48. Jg., 1997, Heft 5, S. 203-207

Kornmann, Reimer 1998: Wie ist das zunehmende Schulversagen bei Kindern von Migranten zu erklären und zu beheben? In: Vierteljahreszeitschrift für Heilpädagogik und ihre Nachbargebiete. 67. Jg., 1998, S. 55-68

Künzli, Benjamin 1995: Soziologische Aufklärung der Erziehungswissenschaft? Würzburg

Lentz, Astrid/Radtke, Frank-Olaf 1994: Bildungsghettos – Institutionalisierte Diskriminierung von Migrantenkindern in der Grundschule. In: Unterrichtswissenschaft. Zeitschrift für Lernforschung. 22. Jg., 1994, Heft 2, S. 182-192

Lentz, Astrid 1994: Institutionelle Grenzen interkultureller Bildung und Erziehung. In: Informationsdienst zur Ausländerarbeit. 1994, Heft 2, S. 40-43

Lindmeier, Christian 1993: Behinderung – Phänomen oder Faktum? Bad Heilbrunn

Luhmann, Niklas 1986: Codierung und Programmierung. Bildung und Selektion im Erziehungssystem. In: Tenorth, Heinz- Elmar (Hrsg.): Allgemeine Bildung. Analysen zu ihrer Wirklichkeit, Versuche über ihre Zukunft. München

Luhmann, Niklas/Schorr, Karl-Eberhard 1988: Reflexionsprobleme im Erziehungssystem. Frankfurt am Main

Luhmann, Niklas/Schorr, Karl-Eberhard 1990: Zwischen Anfang und Ende. Fragen an die Pädagogik. Frankfurt am Main

Luhmann, Niklas/Schorr, Karl-Eberhard 1996: Zwischen System und Umwelt. Fragen an die Pädagogik. Frankfurt am Main

Mand, Johannes 1996: Lernbehinderung und soziale Benachteiligung. In: Eberwein, Hans 1996: Handbuch Lernen und Lern-Behinderungen. Aneignungsprobleme. Neues Verständnis von Lernen. Integrationspädagogische Lösungsansätze. Weinheim/Basel

Moser, Vera 1997: Sonderpädagogik zwischen Erziehung und Bildung. In: Zeitschrift für Heilpädagogik. 48. Jg., 1997, Heft 1, S. 4-8

Moser, Vera 1998: Die wissenschaftliche Grundlegung der Heilpädagogik in der ersten Hälfte des 20. Jahrhunderts. In: Heilpädagogische Forschung. 24. Jg., 1998, Heft 2, S. 75-83

Moser, Vera 1999: Behinderung als sonderpädagogisches Paradigma – ein historischer Exkurs. In: Schmetz, Ditmar/Wachtel, Peter (Hrsg.): Entwicklungen – Standorte – Perspektiven. Sonderpädagogischer Kongress 1998. Würzburg

Moser, Vera 2000: Sonderpädagogische Konstitutionsprobleme. In: Albrecht, Friedrich/Hinz, Andreas/Moser, Vera (Hrsg.): Perspektiven der Sonderpädagogik. Disziplin- und professionsbezogene Standortbestimmungen. Neuwied/Kriftel/ Berlin

Nagel, Klaus/Preuss-Lausitz, Ulf 1973: Vom zerstückelten Schüler oder Zur Kritik der Leistungsdifferenzierung. In: Keim, Wolfgang (Hrsg.): Gesamtschule: Bilanz ihrer Praxis. Hamburg

Oswald, Melanie 2000: Mechanismen der Diskriminierung von Migrantenkindern im Regelschulsystem. Die Schule für lernbehinderte Kinder als Schule für Migrantenkinder? Unveröff. Examensarbeit. J. W. Goethe-Universität. Frankfurt am Main

Radtke, Frank-Olaf 1995: Interkulturelle Erziehung. Über die Gefahren eines pädagogisch halbierten Anti-Rassismus. In: Zeitschrift für Pädagogik. 41. Jg., 1995, Heft 6, S. 853-864

Radtke, Frank-Olaf 1995a: Demokratische Diskriminierung. Exklusion als Bedürfnis oder nach Bedarf. In: Mittelweg 36. Zeitschrift des Hamburger Instituts für Sozialforschung. 4. Jg., 1995, Heft 1, S. 32-48

Radtke, Frank-Olaf 1996: Seiteneinsteiger – Über eine fragwürdige Ikone der Schulpolitik. In: Keim, Wolfgang (Hrsg.): Jahrbuch für Pädagogik. Pädagogik in multikulturellen Gesellschaften. Frankfurt am Main/Berlin/Bern/New York/Paris/ Wien/Lang

Radtke, Frank-Olaf 1998: Interkulturelle Erziehung im Hinblick auf die Sonderschule. In: Kommunale Ausländerinnen- und Ausländervertretung (KAV) der Stadt Frankfurt am Main (Hrsg.): Sonderschulen – Schulen für Migrantenkinder? Hintergründe einer Problematik – Möglichkeiten der Prävention. Mönchengladbach

Ratzki, Anne (Hrsg.) 1996: Team-Kleingruppen-Modell Köln-Holweide. Theorie und Praxis. Frankfurt am Main/Berlin/Bern/New York/Paris/Wien/Lang

Scherr, Albert 1999: Inklusion/Exklusion – soziale Ausgrenzung. Verändert sich die gesellschaftliche Funktion der Sozialen Arbeit? In: Treptow, Reiner/Hörster, Reinhard (Hrsg.): Sozialpädagogische Integration. Entwicklungsperspektiven und Konfliktlinien. München

Schimank, Uwe 1996: Theorien gesellschaftlicher Differenzierung. Opladen

Schrader, Achim/Nikles, Bruno W./Griese, Hartmut M. 1979: Die zweite Generation. Sozialisation und Akkulturation ausländischer Kinder in der Bundesrepublik. Königsstein/Ts.

Speck, Otto 1996: System Heilpädagogik. Eine ökologisch reflexive Grundlage. München/Basel

Stötzner, Heinrich E. 1963: Schulen für schwachbefähigte Kinder. Berlin

Weick, Karl-E. 1995: Der Prozeß des Organisierens. Frankfurt am Main
Wenning, Norbert 1999: Vereinheitlichung und Differenzierung. Zu den „wirklichen" Funktionen des Bildungswesens im Umgang mit Gleichheit und Verschiedenheit. Opladen
Willand, Hartmut 1983: Pädagogik der Lernbehinderten. München

Yvonne Büter

Behinderung als Dispositiv in der Pädagogik

Die Thematisierung von Behinderung und Behinderten findet als pädagogisches Programm statt. Nicht zuletzt taucht es bezogen auf die Schule im Curriculum der siebten Klasse[1] auf. Dabei handelt es sich um ein Ensemble, das Filme, Simulationsspiele zum Behindertsein, Lehrbucheinheiten und Kontaktvermittlungen zwischen Behinderten und Nichtbehinderten umfasst.

„Behinderung ist immer im Verhältnis zur Normalität definiert"[2] und kann somit als eine Form der Abweichung beziehungsweise Kehrseite der Normalität betrachtet werden. Entgegen der in der sonderpädagogischen Diskussion verbreiteten Meinung, dass das Informieren über Behinderung und der Kontakt mit Behinderten zu einer integrationsfördernden Vernachlässigung der Unterscheidung zwischen „behindert" und „normal" beiträgt, vermute ich, dass aufgrund spezifischer Formen der Thematisierung die jeweiligen Rollenzuschreibungen verfestigt und für eine pädagogische Intention nutzbar gemacht werden.

Der Frage nachgehend habe ich im Rahmen meiner Examensarbeit den Untersuchungsgegenstand ‚Schulbuch' gewählt und das dort explizit und implizit vermittelte Wissen über Behinderung und die mitschwingende Konstruktion von Normalität herausgearbeitet.

Dabei interessierte mich vorrangig, inwiefern Behinderte als besondere Gruppe in den Unterrichtseinheiten auftauchen. Werden Behinderte und Nichtbehinderte unterschiedlich angesprochen, zu unterschiedlichen Handlungen aufgefordert?

Das Reden über Behinderung muss zudem in seiner spezifischen Funktion als pädagogisches Programm berücksichtigt werden. Denn,

---

[1] In den hessischen Lehrplänen für die Primar- und Sekundarstufe von Januar 2002 wird die Thematisierung von Behinderung unter dem Themenfeld ‚Randgruppen' vorgeschlagen.

[2] Schildmann 2000, 92

so die These, im Rahmen einer schulischen Bildungs- und Erziehungs-Praxis gehen vom Behinderungsdiskurs (teilweise) andere „Sinneffekte" (soziale Realisierungsformen) aus, als beispielsweise vom Behinderungsdiskurs im Kontext einer wissenschaftlichen Fachtagung oder einer Selbsthilfe-Gruppe.

Um die Dynamik der Verbindung zwischen dem sozialen, beziehungsweise gesellschaftlichen Kontext und den Bedingungen des Sagbaren über Behinderung kenntlich zu machen, habe ich den Begriff des Dispositivs gewählt, der auf die machttheoretischen Überlegungen Michel Foucaults zurückgeht.[3]

Foucault verwendet den Begriff des Dispositivs, um ein heterogenes Ensemble von Diskursen, Institutionen, Praktiken und Wissensformen zu markieren, das zu einem bestimmten historischen Zeitpunkt vorherrschend ist. Foucault vermutet innerhalb dieses Netzwerkes ein zielgerichtetes, strategisches Zusammenwirken, von dem Machteffekte ausgehen. Macht reproduziert sich wesentlich über ein solches Netzwerk, das tief ins alltägliche Soziale hineinreicht, geradezu konstitutiv dafür ist, indem es Denkgewohnheiten, Alltagswissen, Routinen, eben Normalität erzeugt.

Zunächst taucht einmal die Frage auf: Wie kann überhaupt aus der Analyse eines Textfragments über Behinderung auf das Vorhanden-

---

3 Der Begriff des Dispositivs wird von Foucault im ersten Band der Trilogie „Sexualität und Wahrheit" (1983) am Beispiel eines Sexualitätsdispositivs eingeführt. Foucault formuliert damit sein Modell einer Macht als Strategie, deren Wirkungsweise es zu analysieren gilt. In dieser Konzeption wird Macht nicht als etwas beschrieben, worüber einige verfügen und andere nicht und was in Form einer Unterdrückung von einer Person, einer Gruppe, einem Staat gegenüber anderen ausgeübt wird. Solche Erscheinungsformen gäbe es zwar immer auch, zum Verständnis von Macht reiche diese simple „Repressionshypothese" (Foucault 1983, 19ff.), so Foucault, jedoch nicht aus. Machtgefüge werden demgegenüber als in viele verschiedene Formen von Praxis eingebettete, nicht egalitäre Verhältnisse zwischen AkteurInnen beschrieben. „Die Macht kommt von unten, d. h. sie beruht nicht auf der allgemeinen Matrix einer globalen Zweiteilung, die Beherrscher und Beherrschte einander entgegensetzt und von oben nach unten auf immer beschränktere Gruppen und bis in die letzten Tiefen des Gesellschaftskörpers ausstrahlt." (Foucault 1983, 115) „Macht ist etwas, was sich von unzähligen Punkten aus und im Spiel ungleicher und beweglicher Beziehungen vollzieht." (ebd., 115)

sein und die Wirkmächtigkeit eines machtvollen Behinderungsdispositivs rückgeschlossen werden?[4]

Textanalyse und Machttheorie

In Schulbüchern sind wir mit Texten, aber auch mit *dem* Text im philosophischen Sinne konfrontiert: Der Text des Schulbuches ist in der Absicht verfasst, den Lernenden Wissen zu vermitteln. Maßgeblich korrespondiert ein Text im Schulalltag sowohl mit der Institution Schule (als Repräsentant eines durch Maßnahmen der Beschulung zu formenden Wissenskomplexes), als auch mit der Lerngruppe (PädagogInnen und Lernende). Der Text konstituiert soziale Wirklichkeit, insofern er als Lehrbuchtext immer schon einen zu lernenden Inhalt transportiert, von welchem gesellschaftliche Verhaltenskompetenz ausgehen soll.

Politik, Ökonomie oder auch nur eine schulische Situation oder eine Nachrichtensendung, in denen ein Text über Behinderung „praktiziert" wird, gewährleisten institutionell die Wiederholung des Diskurswissens über Behinderung. Damit verfestigt sich das im Text transportierte Wissen und breitet sich allmählich aus. Der Entstehungsprozess und der Entstehungshintergrund werden somit nach und nach unkenntlich. Im Kontext dieses Konstruktionsprozesses möchte ich einen Text über Behinderung analytisch einordnen.

Das genannte Ensemble einer Wissensproduktion, die permanente Wiederholung, Verfestigung und allmähliche Ausbreitung, muss bei einer Textanalyse berücksichtigt werden. Denn nur so stellt sich die Konstitution von Behinderung als ein machtvoller Prozess dar und entgeht damit einer verkürzten Vorstellung, wonach Behinderung lediglich als das Resultat sozialer Beziehungen oder eines Interaktionsprozesses zweier Individuen verstanden wird.

---

4   Um einen konstitutiven Zusammenhang zwischen den machttheoretischen Überlegungen Foucaults und meinem Analyseverfahren herzustellen, stützt sich mein textanalytisches Verständnis meines Untersuchungsgegenstands, dem ‚Text', auf Foucaults Dispositivbegriff. Mein Textverständnis leitet sich aus den in diesem Zusammenhang zentralen Begrifflichkeiten, der diskursiven Formation und der diskursiven Praxis, ab.

Bezogen auf das Schulbuch ist damit eine genauere (Er)Klärung verbunden, wie die DiskursteilnehmerInnen, PädagogInnen und SchülerInnen, die Texte planen und verstehen. Die analysierten Schulbuchauszüge sind immer ein Produkt eines Textentstehungs- und -interpretationsprozesses, eben Produkt einer diskursiven Praxis.[5] So kann bei einer Schulbuchanalyse davon ausgegangen werden, dass die sprachliche Form des Textes mit einer spezifischen sozialen Praxis – hier Unterrichtspraxis – verbunden ist, in welcher normatives Wissen vermittelt wird. Das Wissen, das in zahllosen und expliziten Diskursen in Bild und Text artikuliert wird, erhält im Schulbuch eine ganz spezifische Funktion. Es wird zum Normwissen, das gelernt und gewusst werden soll. So gilt beispielsweise jede Frage in einem Schulbuch per se zunächst einmal als legitim. Martin Fromm macht darauf aufmerksam, dass Legitimitätsprämissen und Normalitätserwartungen einen Teil des heimlichen Lehrplans darstellen, durch den „erwünschte Formen des sozialen Umgangs miteinander" sowie die „erwünschten Auseinandersetzungen mit Unterrichtsinhalten" gelernt werden sollen, um „bei Bedarf die richtigen Antworten zu produzieren"[6].

Bislang wurden die Eigenschaften eines Textes vorrangig hinsichtlich ihrer Verbundenheit mit kulturellen und sozialen Praktiken beschrieben. Darüber hinaus möchte ich aus erkenntnistheoretischer Perspektive betonen, dass der zu untersuchende Text (im Schulbuch handelt es sich um ein Text-Bild-Grafik-Dokument) den Status eines „Diskursfragmentes"[7] hat. Das Dokument wird nicht als in sich abgeschlossener ‚Text' behandelt, in dem nur ein einziger Diskurs in vollständiger Form repräsentiert wird. Vielmehr bündeln sich im Text mehrere verschiedene Diskurse.[8] Bilder oder Texte können demnach nicht als Einzelereignisse gefasst werden.

---

5   Vgl. Foucault 1983, 28. Diskursive Praktiken sind Tätigkeiten wie sprechen, schreiben, lesen, wahrnehmen, argumentieren, informieren. Foucault verweist mit seinem Begriff darauf, dass spezifische Denk- und Deutungsschemata mit spezifischen, sie stützende Handlungsschemata verknüpft sind.

6   Fromm 1986, 526

7   Jäger 1993, 187ff.

8   Vgl. Keller 1997, 326; Fairclough 1989, 24.

Spontane Zustimmung oder scheinbare Evidenz aufgrund eines vorangegangenen Vorwissens sind Formen intuitiven Verstehens beim Betrachter. Bilder oder Texte entfalten gerade so ihre sinnstiftende Wirkung. Nur unter Einbezug des bereits vorhandenen, komplexen semantischen Diskursnetzes, der Diskursformation[9], erweist sich die Analyse von Diskursdokumenten als sinnvoll.

Fairclough spricht in diesem Zusammenhang von der Interdiskursivität eines Textes. Das Interdiskursive umfasst – einem „soziokollektiven Gedächtnis"[10] ähnlich – das gesamte in zeitlich und räumlich verschiedenen Diskursen Gesagte, welches als diskursiv „Vorkonstruiertes" den soziohistorischen Kontext eines Textes bildet und auf dessen Grundlage ein Text produziert und interpretiert wird. Als Grundlage wirkt es hervorbringend, indem es die Vorraussetzung für Verstehen und Kommunikation darstellt und gleichzeitig beschränkend, indem es die Grenzen des Sagbaren setzt.

Im Text taucht das Interdiskursive in Form nichtexplizierter Unterstellungen und unthematisierter Prämissen auf[11], welche es aufzudecken gilt. Zunächst wird daher von einer prinzipiellen Polysemie der Texte ausgegangen, um so einen Einblick zu bekommen, welches soziokulturelle Wissen unhinterfragt vorausgesetzt und dadurch in impliziter Weise reproduziert und allmählich zum *common sense* integriert wird. Eine Textanalyse muss somit herausarbeiten, wie die Repertoires von vorhandenem (interdiskursivem) Wissen in der Text-

---

9   Vgl. Foucault 1997, 42ff. Der von Foucault eingeführte Begriff der ‚diskursiven Formation' verweist auf die Tatsache, dass die sprachlichen Äußerungen jeweils einem Regelsystem folgen, das sich wesentlich über die tatsächliche Streuung des bereits irgendwo Gesagten definiert. Um das Moment der Verstreuung in eine Ordnung zu bringen, formuliert er vier Hypothesen: „In dem Fall, wo man in einer bestimmten Zahl von Aussagen ein ähnliches System der Streuung beschreiben könnte, in dem Fall, in dem man bei den Objekten [1], den Typen der Äußerung [2], den Begriffen [3], den thematischen Entscheidungen [4] eine Regelmäßigkeit (eine Ordnung, Korrelationen, Positionen und Abläufe, Transformationen) definieren könnte, wird man übereinstimmend sagen, dass man es mit einer diskursiven Formation zu tun hat." (Foucault 1997, 42)

10   Percheux 1998, 53

11   Vgl. Höhne/Kunz/Radtke 1999, 42.

produktion und -interpretation strategisch zusammenspielen und Sinn erzeugen.

Wie lässt sich nun dieser allgemeine theoretische Rahmen mit einer konkreten empirischen Textanalyse verbinden?

Analytisches Instrumentarium zur Untersuchung eines Behinderungsdispositivs

Welche formalen Elemente letztendlich untersuchungsrelevant sind, ergibt sich aus der jeweiligen Fragestellung. Daher müssen bei der Untersuchung eines Behinderungsdispositivs die im Schulbuchdokument enthaltenen Differenzen fokussiert werden.

Differenzen

Ausgangspunkt ist zunächst die für die Fragestellung relevante Differenz ‚behindert/nichtbehindert', die zu weiteren im Text enthaltenen Differenzen in Beziehung gestellt werden soll. Mit Hilfe des semiotischen Vierecks von Greimas[12] lassen sich Strukturen der Differenz und der Merkmalszuschreibung aufzeigen. Greimas beschreibt ein Bündel redundanter semantischer Kategorien, die einem Diskurs zugrundeliegen. Redundante Kategorien sind semantische Komplexe, die einerseits in expliziter Form, beispielsweise durch Pleonasmen[13], Tautologien oder andererseits in impliziter Form mehrmals in einem Text auftauchen. Diese können als textkonstituierende Kategorien ausgemacht werden, auf welche sich wiederum eine Reihe von semantischen Elementen beziehen.

Greimas beschreibt zwei Typen differenzlogischer Relationen:

- die des polarisierten Gegenteils, beispielsweise ‚schwarz/weiß'
- und eine des Widerspruchs, ‚weiß/nicht-weiß'.

---

[12] Vgl. Höhne/Kunz/Radtke 1999, 88.

[13] Pleonasmen sind eine Häufung sinngleicher Ausdrücke.

Grundsätzlich werden die Äquivalente oder Differenzen eines semantischen Elements implizit mitgedacht.[14] Bezogen auf unsere elementare Differenzsetzung bedeutet dies, dass die Zuschreibung ‚nichtbehindert' nur verstanden werden kann durch das Mitschwingen der Merkmalszuschreibungen von Behinderung.

Die im Schulbuchtext explizit benannte grundsätzliche Differenz von ‚behindert/nichtbehindert' kann als Differenz des Widerspruchs gesehen werden. Die von den SchulbuchautorInnen in den jeweiligen Sequenzen benutzten weiteren Differenzen sind immer polarisierende Differenzen (beispielsweise ‚sachlich/emotional'). Das heißt, dass es sich zwar bei der elementaren Differenzsetzung insofern um eine ‚weiche' Differenzsetzung handelt, als keine Merkmalszuschreibung stattfindet, allerdings differenziert sie sich im Schulbuchtext durch die Nähe zu den im textuellen Kontext auftretenden polarisierenden Differenzsetzungen aus.

Diskursinstanzen

Zur Beantwortung der Frage, ob behinderte und nichtbehinderte SchülerInnen unterschiedlich angesprochen werden, erweist sich die Untersuchung der vorhandenen Sprecher- und Adressatinstanzen sinnvoll. Bei der Analyse wird der Aspekt der Situationsbeteiligung hervorgehoben, wobei zwischen Beteiligten und Nicht-Beteiligten unterschieden wird.

In Anschluß an Titscher[15] können die Fragen über linguistische Eigenschaften der Texte operationalisiert werden. Dabei interessiert beispielsweise die Pronominalstruktur der Texte, die vor allem nach den deiktischen Pronomina (der 1. und 2. Person) im Gegensatz zu den Stellvertreter-Pronomina befragt wird, da nur die Pronomina der ersten und zweiten Person die an der Kommunikationssituation beteiligten Personen(gruppen) vertreten. So können an dem Nachweis unterschiedlicher Instanzen des im Text vorliegenden „Wir-Diskurs[es]"[16] die verschiedenen diskursiv gebildeten Gruppen nach-

---

14 Vgl. Titscher 1999, 165.

15 Titscher 1999

16 Ebd., 269

vollzogen werden. Entscheidend ist dabei, dass sich die verschiedenen Instanzen im diskursiven Kontext herausbilden.

Zudem schlägt Titscher vor zu untersuchen, mit welchen Sprechakten welche Gruppen unterschiedlich angesprochen werden, um so Aufschlüsse über die Beziehungen der gebildeten Gruppen zu bekommen.[17] Dabei können nach Wunderlich acht verschiedene Typen illokutiver Sprechakte nach ihren Handlungsqualitäten unterschieden werden.[18] In einem Schulbuch sind aufgrund der erzieherischen und bildenden Funktion des Mediums vorrangig appellative und repräsentative Sprechakte vorzufinden.

Insofern im Schulbuch stets eine didaktische Kodierung des Wissens, d. h. eine vermittelnde Aufbereitung des Wissens in Bezug auf ein bestimmtes Schülersubjekt vorliegt, kann die Analyse der Diskursinstanzen einen Einblick in die Vorstellung vom Schülersubjekt verschaffen. Höhne/Kunz/Radtke schlagen vor, diese Untersuchung des Wissens über das zu erziehende Schülersubjekt zunächst von der Analyse des vermittelten Sachwissens zu trennen, um in einem zweiten Schritt beide Ebenen miteinander zu verknüpfen.[19]

Markanzen

Speziell auf das Medium Schulbuch ausgerichtet wurde die Markanz der einzelnen Text-Bild-Graphik-Dokumente berücksichtigt. Die Markanzkriterien beruhen auf einer angenommenen Wahrnehmungsfolge der einzelnen Dokumente, die sich aus der formalen Gestaltung der Dokumente herleitet.

Kriterien zur Bestimmung der Markanz sind in Anlehnung an Höhne/Kunz/Radtke Positionierung, Größe und farbliche Markierung der Dokumente, sowie typographische Hervorhebungen bezüglich der Schriftgröße, des Schriftdesigns oder farblicher Hervorhebungen. Bilder sind im allgemeinen markanter als Texte.[20] Die Hierarchie der

---

[17] Ebd.

[18] Vgl. Wunderlich. In: Ebd., 190. Illokutive Sprechakte sind durch ihre kommunikative Funktion (Frage, Aufforderung, Erläuterung) gekennzeichnet.

[19] Vgl. Höhne/Kunz/Radtke 1999, 59.

[20] Vgl. Höhne/Kunz/Radtke 1999, 84.

einzelnen Subdokumente begründet sich neben den Markanzkriterien auch aus der semantischen Linearisierung, die beispielsweise einen Leser europäischer Schriften den Text von oben nach unten und von links nach rechts lesen lässt.

Die Markanz eines Dokumentes gegenüber einem anderen ist insofern relevant, als es auf die in einem weniger markanten Dokument enthaltenen Polysemien (mehrdeutige Wörter, Bilder, Aussagen) vereindeutigend wirken kann.

Das Zusammenwirken von Text-Bild-Graphik-Dokumenten und im besonderen der Markanzeffekt eines Dokumentes sind formale Elemente, die das Verstehen eines Textes auf eine argumentierende Weise in eine bestimmte Richtung lenken können. Sie können daher als Elemente einer argumentativen Strategie begriffen werden.[21]

Im Folgenden werde ich nun die Analyse einer Schulbuchseite vorführen, um aufzuzeigen, wie diese einzelnen Bausteine der Inszenierung des Inhalts als Argumente zusammenwirken. Aus deren Zusammenspiel kann eine deutungsgeladene Tiefenstruktur rekonstruiert werden, die als eine argumentative Strategie zu bezeichnen ist. Diese muss nicht notwendig mit den Intentionen und Erwartungen der SchulbuchautorInnen übereinstimmen.

Beispiel 1 (s. S. 96)

Beim ersten Beispiel handelt es sich um einen Auszug aus dem Buch „Pusteblume"[22], das für den Sachunterricht der dritten Klasse an hessischen Schulen zugelassen ist.

Die Seite beginnt mit der Überschrift ‚Miteinander leben'. Insofern sie im Schulbuch auftaucht, hat die Aussage eine normative Funktion. Vorrausgesetzt wird: Von selbst stellt es sich nicht ein, es muss schulisch organisiert werden. Das Schulbuch zeigt nun in Text

---

21 Höhne/Kunz/Radtke geben diesem effektvollen Programm einen Namen. „Diskursanalytisch ergibt sich daher die Perspektive, das Text-Bild-Graphik-Verhältnis einer Schulbuchseite auf die [...] Monosemierungsstrategien hin zu untersuchen, durch die Wissen mehr oder weniger ‚eindeutig' bzw. didaktisch vereindeutigend vorgegeben ist." (Höhne/Kunz/Radtke 1999, 68ff.)

22 Pommering/Ritter 1996, S. 47

und Bild idealtypisch, wie dies zu geschehen hat. Es führt also das rechte ‚Miteinander leben' exemplarisch vor.

Miteinander leben und lernen

In vielen Klassen lernen behinderte und nichtbehinderte Kinder miteinander.
Oft fällt die Behinderung nicht sofort auf. Marc sitzt wie alle anderen Kinder am Schultisch, aber er sitzt in einem Rollstuhl.

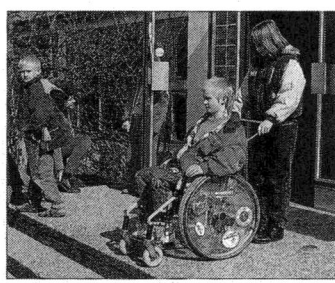

Marc kann nicht gehen. Auf dem Weg in die Pause bleibt er deshalb in seinem Rollstuhl sitzen. An schwierigen Stellen im Schulgebäude helfen ihm seine Mitschülerinnen und Mitschüler.

Kinder, die im Rollstuhl sitzen, lernen sehr schnell, geschickt damit umzugehen. Nicht nur in der Klasse und auf dem Pausenhof bewegt sich Marc sicher und schnell, sondern auch in der Turnhalle beim Sport.

Behinderung wird auf dieser Seite zunächst am Schüler Marc exemplifiziert. Über die nächsten drei Bild- und Textdokumente kristallisiert sich die Unterscheidung ,helfende Mitschülerin/ hilfebedürftiger Rollstuhlfahrer' heraus, die vor allem durch den Bildsignifikan-

Stefanie ist schwerhörig. Sie benötigt ein Hörgerät. Mit seiner Hilfe kann sie besser hören, was gesprochen wird. So kann sie am Unterricht teilnehmen.

Marion ist blind. Mit ihren Fingerspitzen kann sie die Blindenschrift ertasten und lesen. Marion lernt in einer Schule für blinde Kinder.

Behinderte und nichtbehinderte Kinder können gemeinsam lernen. Behinderte Kinder brauchen Unterstützung.

① Lass dir die Augen so verbinden, dass du nichts sehen kannst.
② Weil du dich ohne Hilfe nicht zurechtfinden kannst, musst du dich führen lassen. Nenne ein Kind, das dich führen soll.
③ Lass dich durch die Klasse führen.
④ Nimm anschließend die Binde ab.
⑤ Beschreibe deine Gefühle, die du beim Führen und Geführtwerden hattest.

ten[23] ‚handbesetzter Griff des Rollstuhls' und die zugehörige Erläuterung im Text erzeugt wird.

Ihre Pauschalisierung erfährt diese Differenz auf der nächsten Seite. Im markanten, rot markierten Merksatzkasten wird normatives Wissen formuliert: „Behinderte Kinder brauchen Unterstützung." Während im ersten Teil des Merksatzkastens noch Aussagen über behinderte als auch nichtbehinderte Kinder getroffen werden, ist im zweiten Teil nur vom behinderten Kind die Rede. Über die Weglassung des Satzteils „nichtbehinderte Kinder" wird der Eindruck gefördert, dass nur behinderte Kinder der Unterstützung bedürfen. Erst mit der Weglassung erhellt sich der spezifische Inhalt des zweiten Merksatzes. Würde man die Gegenprobe durchführen, also dem zweiten Merksatz die ‚nichtbehinderten Kinder' hinzufügen, veränderte sich, beziehungsweise erübrigte sich die Aussage. Dann würde insgesamt über die Gruppe der Kinder eine Aussage getroffen werden. In deren Zusammenhang könnte der selbstdeklarierte Inhalt „Miteinander leben und lernen" von doch immer mindestens zwei zu unterscheidenden Elementen keinen Sinn mehr erzeugen.

Vor dem textuellen Hintergrund, in dem nichtbehinderte Kinder an keiner Stelle als diejenigen thematisiert werden, die Hilfe in Anspruch nehmen, funktioniert diese Sequenz als einschließende und ausschließende Merkmalsverteilung: Es sind die behinderten Kinder, die Hilfe brauchen, während die nichtbehinderten Kinder davon implizit ausgeschlossen sind. So kann die Prädikation ‚behindert = hilfebedürftig' und ‚nichtbehindert = nicht hilfebedürftig' herausgefiltert werden.

Darunter, im markantesten, grün markierten Kasten werden die SchülerInnen aufgefordert, in wechselnden Rollen das Blind-Sein und das Blinde-Führen spielerisch zu erproben.

Vor dem Hintergrund der Merkmalszuschreibung realisiert sich die spielerische Simulation des „Führens und Geführtwerdens" für Behinderte und Nichtbehinderte auf unterschiedliche Weise.

---

23 Im Zusammenhang mit meinen Bildanalysen verstehe ich unter Signifikanten solche Bildgefüge, die durch Veränderungen der Kontextbedingungen ihre elementare Bedeutung nicht verändern.

Die nichtbehinderten Kinder machen die Erfahrung, Hilfe zu benötigen, ausschließlich in spielerischer Form. Im Bewusstsein für das Spielen im Unterschied zur Realität können, beziehungsweise müssen, sie sich im 4. Akt des Spieles auf die ihnen zugewiesene Helferrolle zurückbesinnen. Da heißt es: „Nimm anschließend die Binde ab." Aus dieser Perspektive sollen sie dann im 5. Akt die erlebte Erfahrung reflektieren („Beschreibe deine Gefühle..."). So entpuppt sich das Rollenspiel als eine (Empathie-)Übung mit dem vorrangigen Ziel, kompetente HelferInnen auszubilden. Unausgesprochenes Lernziel ist die Nutzbarmachung der Erfahrung für den Part der Helferrolle im Gemeinschaftsleben.

Über Lernarrangements wie beispielsweise die hier implizierte Arbeitsaufgabe, seinen behinderten MitschülerInnen zu helfen und dieses zu üben, wird die Differenz ‚behindert/nichtbehindert' in den Unterricht als soziale Situation eingeführt. Es wird dazu aufgefordert, diese Differenz praktisch einzuüben. Die performative Seite, die gerade in der handlungsorientierten Didaktik eine zentrale Rolle spielt, zielt geradezu qua verordneter Interaktionsformen auf die Seite konkreter Praktiken.

Insgesamt wird Behinderung in dieser Lerneinheit anhand von drei verschiedenen Körper- beziehungsweise Sinnesbehinderungen vorgestellt. Die Markierung der Behinderungen erfolgt bildnerisch über die Signifikanten ‚Rollstuhl', ‚Hörgerät' und ‚Buch in Brailleschrift'.

Die fotografischen Beispiele verweisen auf die Bedeutung physischer Merkmale zur Markierung von Behinderung. Diese ist stets mit einem Eindruck einer körperlichen Normalität verbunden und vollzieht sich über die Form der Defizitfigur.

Defizitorientiert informieren auch die zugehörigen Textdokumente in paralleler Satzstruktur: „Marc kann nicht gehen", „Stefanie ist schwerhörig" und „Marion ist blind".

Die Überschrift lautet „Miteinander Leben". Bezogen auf das Einstiegsthema ‚Gemeinschaft' lassen sich folgende Unterschiede feststellen:

Sowohl ‚Marc' als auch ‚Stefanie' werden in gemeinschaftlichen Situationen inszeniert. Die sie betreffenden Bildsignifikanten ‚Ball zuwerfen', ,sprecherzugewandte Körperstellung' und ,beschriftetes Tafelbild' bedeuten das Stattfinden direkter Kommunikation.

Demgegenüber ist die Situation der ,blinden Marion' im markanten Bilddokument anders inszeniert: Im Bild sind keine Anzeichen auf ein gemeinsames Erlebnis dargeboten, vielmehr wird durch die räumliche Trennung der Schülerin von einem anderen Schüler durch zwei leere Sitzplätze eine sozial isolierte Situation inszeniert.

Hier korreliert die Differenz ,blind/nicht blind' mit der Differenz ,gemeinschaftlich/isoliert'.

Betrachten wir nun die gesamte Schulbuchseite: Fast alle Text-Bild-Graphik-Dokumente verweisen auf die Differenz ,behindert/nichtbehindert'.

Lediglich die Thematisierung des blinden Mädchens als auch das Spiele-Dokument, in dem das Blind-Sein spielerisch erprobt wird, verweisen auf das Unterscheidungsmerkmal ,blind/nicht blind'.

Ich vermute hier eine Verschiebung von selbstdeklariertem Inhalt ,Das Zusammenleben Behinderter und Nichtbehinderter' zu einer Differenzierung des Behinderungsbegriffes. Dies erfolgt, indem im markantesten Spieledokument die Binnendifferenzierung der Behinderung in ,blind/nicht blind' vorgenommen wird. Die Elemente ,nicht blind/blind' verweisen auf den Zusammenhang von ,integrationsfähig/nicht integrationsfähig'. Materialisiert hat sich der Zusammenhang in dem Satz „Marion lernt in einer Blindenschule".

So kann abschließend festgestellt werden, dass über die Inszenierung des Inhalts die Frage der Behinderung unter dem Fokus der Integrationsfähigkeit thematisiert wird. Dass Behinderte und Nichtbehinderte gemeinsam lernen, wird entsprechend zum Normalzustand erhoben. Bestimmte Behinderungsformen lassen gemeinsames Lernen nicht zu.

Über die Abweichung hiervon wird dagegen bloß informiert. Dem Hinweis auf diese Abweichung folgt einfach die Behauptung: „Behinderte und nichtbehinderte Kinder können gemeinsam lernen", ohne den offenkundigen Widerspruch zu erklären. Auch die Absonderung in Schulen für Blinde wird nicht problematisiert. Stattdessen werden in stiller Übereinkunft die Grenzen der Integrierbarkeit hingenommen.

Stellen wir uns an diesem Punkt die Lehrperson als vermittelnde Instanz vor, um das im Schulbuch lückenhaft gelassene Wissen zu vereindeutigen. Vorstellbar ist, wie sie ihre Klasse mit einem Wissen über die Vorteile eines Schonraumes und subjektbezogener Förderung von Behinderten etc. unterrichtet, um diesen Widerspruch zu rechtfertigen.

Ich möchte keineswegs ausschließen, dass von LehrerInnenseite vielleicht ein Beitrag zu einer systembezogenen Auseinandersetzung mit Integration in Erwägung gezogen wird. Im Text jedoch deutet nichts auf einen solchen Blick hin. ,Marc' und ,Stefanie' werden doch vor allem deshalb als integrationsfähig thematisiert, weil sie den schulischen Leistungsanforderungen mit Hilfsmitteln nachkommen: Marc bewegt sich trotz des Rollstuhls „sicher und schnell", und Stefanie kann mit Hilfe eines Hörgerätes „am Unterricht teilnehmen". Die (voraus)gesetzte Normalität schulischer Leistungen wird nicht hinterfragt und somit zum Maßstab der Integrationsfähigkeit erhoben.

Diese ,Ungereimtheit' liefert den richtungsweisenden Anstoß, die unthematisierten Behinderungen nach dem Kriterium ,integrationsfähig' zu behandeln. Sie stellt einen Hinweis dar, auf welche Art und Weise ,Marion' stellvertretend für andere Behinderungsarten, beispielsweise für ein vielfach geistig und körperlich behindertes Kind, welches nicht wie die Beispielfigur ,Marc' in der Lage ist, mit dem Rollstuhl schnell und sicher umzugehen, thematisiert wird. Das moralisch-normative Diktat „Miteinander Leben" erfährt in dem Sachbuch „Pusteblume" über die Einführung einer Binnendifferenzierung der Behinderung in ,blind/nichtblind' seine Beschränkung.

Beispiel 2

Beim zweiten Beispiel handelt es sich um einen Auszug aus dem Buch „TEAM 1"[24], ein Arbeitsbuch für den Politikunterricht der siebten Klassen an hessischen Schulen.

Die Seite der insgesamt siebenseitigen Schulbucheinheit zum Thema ,Auch behinderte Kinder haben ein Recht auf Glück?' besteht aus einem in Farbe und Größe markanten Bilddokument, eine Porträt-

---

[24]   Mattes 1996, 191

fotografie eines ‚Jungen mit Down-Syndrom' und vier Textdokumenten.

„Mein Bruder Markus"

Hier erzählt die elfjährige Kristina Storm aus Paderborn vom Zusammenleben mit ihrem neunjährigen Bruder Markus.

Markus ist von Geburt an behindert, weil er mit dem so genannten „Down-Syndrom" auf die Welt kam. Ein englischer Arzt mit Namen Down beschrieb diese Behinderung zum ersten Mal im Jahre 1866. Früher verwendete man oft die Bezeichnung „Mongolismus".

Die Besonderheit von Markus besteht darin, dass die Zellen seines Körpers anders aufgebaut sind als die der meisten anderen Menschen. Die Erbanlagen fast aller Menschen sind in 46 verschiedenen Chromosomen festgelegt. Menschen mit dem Down-Syndrom haben in jeder Körperzelle ein Chromosom mehr, also 47.

Die körperliche und geistige Entwicklung von Kindern mit dem Down-Syndrom verläuft langsamer als bei nichtbehinderten Kindern.

„Ich finde, das Familienleben mit Markus ist genauso wie mit einem nichtbehinderten Geschwisterkind. Markus war in einem integrativen Kindergarten, das heißt, in diesem Kindergarten waren behinderte und nichtbehinderte Kinder zusammen. Mittlerweile ist er sogar in einer integrativen Schulklasse an der Mariengrundschule und besucht das dritte Schuljahr, also auch mit nichtbehinderten Kindern zusammen. In letzter Zeit liest er mir immer „Die Schöne und das Biest" vor, anschließend erzählt er mir es noch etwas genauer. Wenn bei mir in der Familie jemand krank ist, kümmert sich Mar-

Junge mit Down-Syndrom

kus am meisten um ihn. Er hilft einem richtig, schneller gesund zu werden.

Markus lernt zwar nicht so schnell, aber wenn er etwas gelernt hat, dann macht er es richtig gut. Ich finde es gemein, wenn Kinder ihn ärgern und sagen: „Ach, das kannst du doch sowieso nicht!" Das stimmt nicht. Die nichtbehinderten Kinder können zwar schneller laufen. Es ist aber nicht immer der Fall, dass sie alles besser können. Markus zeigt einem zum Beispiel mehr die Gefühle, die er für einen hat, und das finde ich

gut. Ich finde das wichtiger als zu sagen: „Guck mal, ich kann schneller laufen." Ich finde es gut, wenn behinderte und nichtbehinderte Kinder zusammen in der Schule und im Kindergarten sind, weil die behinderten Kinder viel von den nichtbehinderten Kindern lernen können. Die nichtbehinderten Kinder lernen behinderte Kinder besser kennen und verstehen, sodass sich auch Freundschaften entwickeln können."

(Kristina Storm, Schülerin der Klasse 6c eines Paderborner Gymnasiums, zitiert in: Floren (Hrsg.): Politik 1, Schöningh-Verlag Paderborn, 1995, S. 189)

③ Stellt einander gegenüber: Was fällt Markus schwer? Was kann er gut?
④ Viele Menschen sind der Ansicht, geistig behinderte Kinder wie Markus sollten in eine Sonderschule für geistig Behinderte gehen, weil sie dort unter Kindern mit ähnlichen Behinderungen besser gefördert werden können. Wie denkt Kristina darüber? Wie denkst du?

Zunächst kann festgestellt werden, dass die im Text enthaltenen Differenzen, welche an der Beispielfigur ‚Markus' veranschaulicht werden, über die Anonymität der Bildfigur eine pauschalisierende Allgemeingültigkeit erlangen. Während im Text zumeist der als ‚Markus' personifizierte Behinderte auftaucht, charakterisiert das Bild den Behinderten lediglich als Jungen. Kurzzeitig entsteht der Eindruck, das

Bild stelle tatsächlich ‚Markus' dar, dem ist aber nicht so, denn die Bildüberschrift läßt unmissverständlich verlauten, dass es sich hierbei nicht um ein persönliches Bilddokument von ‚Markus' handelt, sondern vielmehr um die visuelle Erscheinung eines nicht näher zu personifizierenden, behinderten Jungen.

In den weiteren Textmaterialien sowie auf den nachfolgenden Seiten wird das Down-Syndrom in Beziehung zum Behinderungsbegriff gebracht, indem ohne weitere Erläuterungen mit dem Begriff ‚Geistige Behinderung' operiert wird. Das am Down-Syndrom exemplifizierte Wissen über geistige Behinderungen kann somit an diesen Stellen seine Wirkung entfalten. Dadurch erhält der ‚Junge mit Down-Syndrom' eine repräsentative Funktion.

Die objektive Seite des Behinderungsbegriffs wird im ersten Textdokument im Zusammenhang mit einem medizinisch-biologischen Diskurs eingeführt, indem die Differenzen ‚normaler Aufbau von Körperzellen/anderer Aufbau von Körperzellen' hermetisch über unterschiedliche Chromosomenanteile (‚46 Chromosomen/47 Chromosomen') Erläuterung finden. In seinem wissenschafts-terminologischen Duktus und in der dort gelieferten kurzen Fassung ist die Beschreibung für SchülerInnen der siebten Klasse aus deren lebensweltlicher Erfahrung kaum nachvollziehbar. Diese objektiv-sachliche Seite operiert also über einen Wissenstypus, der insofern als hermetisch zu bezeichnen ist, als die Glaubwürdigkeit der Aussage letztlich nur über die als zum Wissenschaftsdiskurs gehörende Sprache (als solche auch für die SchülerInnen erkennbar) erzeugt wird, sich aber einer im Lernprozess angestrebten Nachvollziehbarkeit von Aussagen und Lerninhalten entzieht. Das vermeintliche kognitive Lernziel ‚Medizinische Wissensvermittlung über die Behinderung Down-Syndrom' steht vollkommen unvermittelt im Zentrum der Lehrbuchseite und erzielt seine Wirkung gerade über seinen für die SchülerInnen nicht verstehend nachvollziehbaren Charakter. Die dennoch vorhandene Glaubwürdigkeit der Aussage drängt die SchülerInnen in eine biologistische Sichtweise von Behinderung.

In dieser Weise funktioniert auch die Porträtfotografie des Jungen mit Down-Syndrom, inszeniert mit einer Puppe. Eine weniger komponierte tatsächliche Porträtfotografie, also ohne das Kinderspielzeug Puppe, hätte womöglich nur einen ganz gewöhnlichen Jungen gezeigt.

Durch das kompositorische Zusammenspiel mit dem Bildelement ‚Puppe' wird auf die spezifische physiognomische Erscheinung des Jungen mit Down-Syndrom (von Behinderung wird im Übertitel des Fotos bezeichnenderweise nicht gesprochen) aufmerksam gemacht. Die selbst für eine Puppe weit aufgerissenen Augen lenken die Aufmerksamkeit der BetrachterInnen sofort auf die Augenform des Jungen.

Über die subtile Eindringlichkeit des Bildes wird also ein weiteres (implizites) Lernziel provoziert: das Erkennen eines Jungen mit Down-Syndrom anhand physiognomischer Auffälligkeiten. Die weiteren Textmaterialien bringen das Down-Syndrom in Beziehung zum Behinderungsbegriff.

Über eine Verknüpfung des im Text enthaltenen biologistischen Diskurses mit dem über die Bildsignifikanten (‚runde Augen/schmale Augen') vermittelten Wissens ergibt sich eine typisierende Konstruktion von Behinderung, die als implizites Lernziel entlarvt werden kann.

Diesbezüglich zeigt eine Gesamtbetrachtung aller Schulbuchseiten der siebenseitigen Lerneinheit, dass es um das Identifizieren und Wiedererkennen von Behinderten geht: Die vorliegende Schulbuchseite dient der Einübung des physiognomischen Blicks. Um ein (Wieder-)Erkennen von ‚eindeutigen' körperlichen Merkmalen geht es dann auf den nachfolgenden Schulbuchseiten. Wie sonst könnte das Phänomen erklärt werden, dass in einer siebenseitigen Schulbucheinheit zum Thema ‚Auch behinderte Kinder haben ein Recht auf Glück?' auf jeder (Doppel-)Seite ein Junge mit Down-Syndrom gezeigt wird.

Ohne diese physiognomische Auffälligkeit in den weiteren Subdokumenten zu thematisieren, wird über das Foto des Jungen eine Darstellung eines Jungen mit Down-Syndrom präsentiert, welche im weiteren Verlauf der Lehrbuchsequenz mit einem moralisch aufgeladenen Lernziel korreliert.

Der moralische Diskurs über Behinderung wird durch zwei dialogisch gegenüberstehende Sprecherinstanzen präsentiert, über die jeweils das identifizierende Moment der Schülerinstanz hergestellt ist.

Die erste sprechende Schülerinstanz wird konkretisiert: Es spricht die elfjährige Kristina Storm, Schülerin der Klasse 6c eines Paderborner Gymnasiums, die von ihren Erfahrungen mit ihrem Bruder Markus, der „mit dem sogenannten Down-Syndrom auf die Welt kam" erzählt. Die zweite Sprecherinstanz bildet eine(n) unbekannte(n) VertreterIn der Gruppe der (nichtbehinderten) Kinder.

Die Auswahl der Sprecherinstanzen korrespondiert auf inhaltlicher Ebene mit den zwei verschiedenen Thematisierungsweisen (‚objektiv/ moralisierend'): Die Aussagen der anonymen Figur ‚nichtbehindertes Kind' beziehen sich ausschließlich auf den biologischen, faktisierenden Diskurs („Guck mal, ich kann schneller laufen."), so dass diese Instanz als Repräsentant der normalisierenden Differenz bestimmt werden kann. Die Sprecherinstanz „Kristina Storm" tritt dagegen vor allem durch explizit beurteilende Äußerungen ((„Ich finde es gemein, ...", „ich finde es gut, ...", „Ich finde das wichtiger, ...", „...., und das finde ich gut.") in Erscheinung.

Zentral dabei ist, dass im moralischen Diskurs über Behinderung, präsentiert durch die zum Ideal gesetzte Sprecherinstanz, die biologisch determinierte Differenz ‚behindert/nichtbehindert' an keiner Stelle geleugnet, sondern im Gegenteil sogar weiterhin zum Thema gemacht wird. Auch ‚Kristina Storm' weiß ganz sicher, dass Markus nicht so schnell lernt und nicht so schnell laufen kann.

Hier wird auf der einen Seite über die Konstruktion von ‚nichtbehindert' die Normalitätsvorstellung vermittelt, dass jedes Kind schnell laufen und lernen kann. Auf der anderen Seite wird an die SchülerInnen appelliert, sich sprachlich einwandfrei und korrekt zu verhalten. Der inszenierte Dialog zwischen den zwei Schülerinstanzen enthält demnach die implizite Botschaft: Sage nie zu einem Behinderten: „Ach, das kannst du doch sowieso nicht!" oder „Guck mal, ich kann schneller laufen", doch sei dir gleichzeitig gewiß, dass du es kannst.[25]

---

[25] In diesem Zusammenhang möchte ich auf eine Studie von Allport aufmerksam machen, die ergab, dass sich Kinder ab einem bestimmten Alter sprachlich-strategisch unauffällig, aber diskriminierend im Umgang mit Kindern von Minderheiten verhalten: „Wenn jetzt die Wirkung der Belehrung in der Schule einsetzt, lernt das Kind eine neue Sprachregelung: es muss demokratisch sprechen. Es muss sich zur Gleichheit aller bekennen." (Allport 1971, 315) Allport spricht daher von der Doppelzüngigkeit des Vorurteils in einer demokratischen Gesellschaft. Sie ist gekennzeichnet durch eine allgemein positive Reaktion auf Menschen mit Behinderung, beispielsweise Mitleid.

Vorhandensein und Wirkmächtigkeit eines Behinderungsdispositivs

Wie kann nun aus der vorgeführten Analyse das Vorhandensein und die Wirkmächtigkeit eines Behinderungsdispositivs beschrieben werden?

Jeder im Medium Schulbuch auftauchende Diskurs ist insofern als ein Interdiskurs bestimmbar, als sich in einem Schulbuch allgemeines soziokulturelles Wissen präsentiert. Beispielsweise tauchte das in dem Schulbuch „TEAM 1" dargestellte Bild eines Jungen mit Down-Syndrom in ähnlicher Inszenierungsform in einer Werbeanzeige der Bekleidungsfirma Benetton im Herbst 1998 auf.[26] Alltagsweltliche Werbung als auch das Medium Schulbuch arbeiten gleichermaßen mit der Visualisierung von Behinderung. Die Schulbuchanalytiker Radtke, Kunz und Höhne bezeichnen das Medium Schulbuch als Repräsentant hegemonialen Wissens. Lehrplankommissionen reagierten gleichsam seismographisch auf politisch-soziale Veränderungen.[27]

Das hegemoniale Wissen, repräsentiert über den Behinderungsdiskurs im Schulbuch, zeigt sich ebenfalls in der (sonder) pädagogischen Diskussion über pädagogische Maßnahmen zur Veränderung der sozialen Reaktion auf behinderte Menschen.

Cloerkes hat einen Überblick über die theoretischen und empirischen Dimensionen verschiedener pädagogischer Vorgehensweisen zur Verbesserung der sozialen Integration zwischen behinderten und nichtbehinderten Menschen vorgelegt.[28] Ihm zufolge sind in der (sonder)pädagogischen Fachliteratur folgende Maßnahmen zu unterscheiden:

- Informieren über Behinderung
- Kontaktvermittlung zwischen Behinderten und Nichtbehinderten
- Simulation des Behindertseins in Form von Rollenspielen

---

26 Vgl. Tervooren o. J.
27 Vgl. Höhne/Kunz/Radtke 1999, 11.
28 Cloerkes 1997, 110ff.

Um die Basis der Einstellungen gegenüber Behinderten breiter zu beeinflussen, werden diese Programme häufig kombiniert. Die in den Schulbüchern herausgearbeiteten Thematisierungsweisen stimmen mit den oben angeführten Maßnahmen überein, zudem ist der Adressat der Maßnahmen immer die Gruppe der Nichtbehinderten.

Der für die Behandlung eines bestimmten Themenkomplexes im Schulbuch eingeräumte Umfang kann als Anhaltspunkt dafür angesehen werden, welche Bedeutung dem jeweiligen Thema im Schulbuch beigemessen wird. In den untersuchten Schulbüchern wurde dem Themengebiet ‚Behinderung' jeweils eine eigenständige Lerneinheit gewidmet. Wissen über Behinderung wird als notwendig zu erlernendes Wissen definiert, da es explizit als Lerneinheit in den untersuchten Schulbüchern Eingang gefunden hat. Über die Aufnahme dieses Lerninhaltes in den Kanon des Schulbuches müssen die SchülerInnen das Thema Behinderung als lernenswert anerkennen, auch wenn es ihnen vielleicht bisher an Erfahrung im Umgang mit dem Behinderungsbegriff mangelte. Eine Begleituntersuchung zur vorschulischen Integration in Hessen[29] ergab beispielsweise, dass Kinder im Alter von 4-6 Jahren noch nichts mit den Bezeichnungen ‚Behinderte' und ‚behindert' verbinden können. In einem Zusammenleben von Kindern mit und ohne Behinderung fallen den nichtbehinderten Kindern Besonderheiten durchaus auf, diese werden nach vertrauten Situationsmustern interpretiert. Durch die Verbindung zur eigenen Person stellen die nichtbehinderten fest, welche eigenen Unsicherheiten und Schwächen sie haben.

Die Tatsache, dass die Thematisierung von Behinderung im interdiskursiven Medium Schulbuch als notwendig erachtet wird, ist als Hinweis auf das Vorhandensein eines Behinderungsdispositivs anzusehen. Seine Mächtigkeit entfaltet das Behinderungsdispositiv als schulischer Imperativ, der die SchülerInnen zu einem biologisch-medizinischen Diskurs über eine bestimmte Gruppe von Menschen ‚anreizt'.

Die thematische Verbindung des Themas ‚Behinderung' mit ‚Gemeinschaft' wird strukturgleich in den zwei untersuchten Büchern

---

29 Vgl. Kron 1988, 1990.

vollzogen. In dieser Themenkopplung zeigt sich ein komplexes diskursives Netz aus normativ-moralischen und normal-faktischen Setzungen.[30]

Die Differenz ‚behindert/nichtbehindert' bildet den Ausgangspunkt für eine moralisch-normative Intervention. Differenzen werden zum unhintergehbaren Faktum gemacht, indem der biologische Diskurs mit normativ ausgerichteten Lernzielintentionen gekreuzt wird.

Die fotografischen Beispiele der Behinderten verweisen alle auf die Bedeutung physischer und teilweise physiognomischer Merkmale zur Markierung von Behinderung. Diese sind stets mit einem Eindruck einer körperlichen Normalität verbunden. Dabei werden die physischen Differenzen durch die im medizinalen Sprachduktus erzeugte Faktizität der Differenz zu sozial relevanten Unterscheidungskategorien gemacht, da an keiner Stelle der untersuchten Schulbücher eine systembezogene Auseinandersetzung mit dem Behinderungsbegriff vorgenommen wird.

In dem ordnungsbildenden Zusammenspiel medizinischer und moralisierender Diskurse zum Thema Behinderung sehe ich einen weiteren Hinweis auf das Vorhandensein eines interdiskursiven Behinderungsdispositivs, welches operative Kopplungen anstatt auf strikt wissenschaftliche Zusammenhänge auf Handlungen im pädagogischen Praxisfeld, beispielsweise schulische Situationen, bezieht.

Es handelt sich dabei um einen Mechanismus, nach dem moralische Normen (man soll Behinderte integrieren) und faktische Normalität (die unhintergehbare Differenz) ineinandergreifen. Über diesen Mechanismus tritt die (Schulklassen-)Gemeinschaft im wesentlichen als eine moralische zusammen. Von hier aus erklärt sich das Produktive der Macht. Pädagogisch machtvolle Praxis besteht darin, den Behinderungsdiskurs nutzbar zu machen, um spezifisch moralisch Handelnde heranzuziehen. Als Lernende werden dabei in allen Fällen ausschließlich die nichtbehinderten SchülerInnen angesprochen, die lernen sollen, den Behinderten zu helfen. Auf der Folie dieser Konstruktion lernt in spielerischer Form beispielsweise das nichtbehinderte Schulkind des dritten Schuljahres, ‚seinen' Platz in der Klas-

---

30 Vgl. Link 1999, 32.

senordnung einzunehmen. Bei der in den Schulbüchern vorliegenden Konstruktion der ‚Klassengemeinschaft' werden Behinderte als ‚Sondergruppe' thematisiert, indem ihnen keine Handlungs- beziehungsweise Lernoptionen geboten werden. In diesen Zuweisungen von Positionen besteht das dispositivhafte schulischer Macht.[31]

Behinderung wird in dem untersuchten Schulbuch „TEAM 1" in der für die SchülerInnen dieser Altersgruppe nicht zu differenzierenden medizinisch-biologischen Auffälligkeit thematisiert. So wird hier ein alltagsweltlich nicht zu verankerndes Wissen über Behinderung (Chromosomenanteil) zur Verfügung gestellt. Die Down-Syndrom-Behinderung bekommt in dieser Lesart über die unterschiedlichen Differenzbildungen einen defizitären Charakter. Auch wenn vielleicht für die SchulbuchrezipientInnen keine Auffälligkeit des Behinderten erkennbar ist, in Verbindung von Visualisierung des ‚Down-Syndrom-Behinderten' und medizinisch-biologischem Wissen findet Stigmatisierung statt. Die SchülerInnen werden über diese besondere Form der Präsentation von Wissen angehalten, ohne ein aus ihrer Perspektive nachvollziehbares Wissen über die Unterscheidung von ‚behindert/nichtbehindert' vorzunehmen. Stigmatisierung ist ein wesentliches Attribut zur Durchsetzung von Normen. Die dargestellte Normalität vollzog sich über die Form der Defizitfigur.

Ein weiterer Aspekt sei an dieser Stelle angefügt. Wie bereits erwähnt wurde, sind die untersuchten Schulbücher an hessischen Integrationsklassen zugelassen, woraus sich jedoch nur Mutmaßungen bezüglich ihres tatsächlichen Gebrauchs und ihrer Verwendungsweise ableiten lassen. In Anbetracht der Ergebnisse und im Vertrauen auf die Kompetenz der tätigen IntegrationslehrerInnen erscheint mir die Verwendung dieser Lerneinheiten im integrativen Unterricht recht unwahrscheinlich, werden doch in den untersuchten Büchern Behinderte gar nicht oder nur teilweise angesprochen. Meine eigenen Beob-

---

31 Die moralische Haltung als Verhaltensnorm, die hier eingeübt werden soll, wird in anderen Schulbüchern auch ganz analog über die Helferpose gegenüber Migrantenkindern behandelt. Zur Darstellung von Migrantenkindern vgl. Höhne/Kunz/Radtke 1999, Geiger 1997. So findet in manchen Schulbüchern auch eine gemeinsame Thematisierung von Behinderten und Migranten als ‚Andere' statt, beispielsweise in Baumann/Ehrenwirt 1997, S. 8.

achtungen und Erfahrungen an Integrationsschulen zeigen, dass das Thema ‚Behinderung' im allgemeinen selten über Lehrbucheinheiten eingeführt wird, da sich der Bedarf dieser Thematik meistens schon früher aus dem sozialen Kontext ergibt, als dies in den Lehrplänen vorgesehen ist.

Trotz allem können die hier untersuchten Schulbücher bezüglich ihrer Wirkung im Kontext integrativer Unterrichtspraxis ernst genommen werden, denn: Welcher Schüler stöbert nicht in lesender oder bloß schauender Neugier in seinem Schulbuch herum? So sind doch oft gerade die Seiten, die im Unterricht übergangen werden, die spannenderen. Ob das im Schulbuch enthaltene Wissen unter der Schulbank oder im Unterrichtsgespräch seine Wirkungskraft erzielt, möchte ich an dieser Stelle als vernachlässigbaren Unterschied betrachten.[32]

Das Medium Schulbuch fand in der obigen Analyse als didaktisches Material dadurch Berücksichtigung, indem Modelle und Konzepte der didaktischen Organisation von Wissen, Lehr- und Lernprozessen als Monosemierungsstrategien begriffen wurden. Diese sind laut Höhne/Kunz/Radtke Strategien, „die in offener oder strukturierter Weise Wissen für die Praxisform Unterricht auf mögliche Handlungsabläufe hin strukturieren."[33] Diese Monosemierungsstrategien möchte ich als eine schulbuchspezifische Form eines Dispositivs begreifen. Spezifisch deshalb, weil hier ein absichtsvolles, bewusstes Handeln einzelner SchulbuchdidaktikerInnen vermutet werden kann. Es lässt

---

[32] Vergleicht man beispielsweise die Ergebnisse der Schulbuchuntersuchungen mit den Ergebnissen einer Befragung nichtbehinderter Kinder nach ihrem Urteil zur erlebten Integration, erweckt das typische Argumentationsmuster der Kinder den Eindruck, dass diese ihr Wissen über Behinderung aus obig analysierten Quellen bezogen haben könnten. Nach dieser Studie, die 1996 unter der Leitung von Preuss-Lausitz durchgeführt wurde, befürworten 71% der (nichtbehinderten) Interviewten die gemeinsame Erziehung von Behinderten und Nichtbehinderten. Auch hier taucht die Hilfethematik auf, wie folgende Auswahl typischer Aussagen der interviewten Kinder zeigt: „Weil man den Kindern da helfen kann beim Lesen und Schreiben." „Dann lernt man mit Behinderten umzugehen." „Man muss behinderten Kindern helfen, sonst wollen sie nicht mehr leben." Vgl. Preuss-Lausitz/Heyer/Schöler 1997, 171ff.

[33] Höhne/Kunz/Radtke 1999, 34

sich also an dieser Stelle fragen, ob den SchulbuchautorInnen die analysierten Effekte völlig entgangen sind, ob sie ganz andere Vorstellungen und Erwartungen an das Material herangetragen haben. Diese Frage könnte nur in einem Gespräch mit den SchulbuchautorInnen geklärt werden und würde die dispositivhafte Verstricktheit der SchulbuchautorInnen sowie die meinige aufdecken helfen. Doch es sei noch einmal betont: Bei meiner Untersuchung ging es nicht darum, Intentionen von SchulbuchautorInnen zu analysieren, um dann ein Werturteil zu treffen. Vielmehr interessierte das semantische Potential des im Schulbuch vorfindbaren Diskurswissens über Behinderung.

Das Taktische des Dispositivs funktioniert als ein argumentatives Zusammenwirken, dessen Hauptfunktion darin besteht, zu einem gegebenen historischen Zeitpunkt, auf einen Notstand (urgence) zu antworten.[34] Als Notstand ließe sich bezogen auf die untersuchten Schulbuchseiten folgende Situation beschreiben.

In der gegenwärtigen Zeit ist die demokratisch strukturierte Gesellschaft derart für die Frage nach der Wesenhaftigkeit von Behinderung sensibilisiert, so dass diese Gruppe nicht mehr ohne eine Problematisierung ausgegrenzt werden kann. Vor diesem Hintergrund möchte ich die festgestellte Binnendifferenzierung des Behinderungsbegriffs unter Bezugnahme auf Jürgen Link als Indiz für ein „flexibel normalistisches Dispositiv"[35] begreifen. In der Schulbucheinheit „Miteinander leben" werden unterschiedliche Arten von Behinderung dargestellt, diese Arten der Behinderung werden in der Frage nach den Möglichkeiten des Miteinanderseins dargestellt. Es liegt hier also eine pädagogische Situation vor, welche sich nicht mehr mit der Differenzierung in ‚behindert/nichtbehindert' auseinandersetzt, sondern die Frage nach den Möglichkeiten schulischer Integration stellt. Ich sehe hierin eine Akzentverschiebung, denn die Verfasstheit des Behinderungsbegriffs verändert sich, die Differenz ‚behindert/nichtbehindert' wird von einer neu eingeführten Differenz ‚integrationsfähig/nichtintegrationsfähig' überformt.

---

34 Vgl. Foucault 1978, 120
35 Link 1999, 75ff.

Literatur

Allport, Gordon W. (1971): Die Natur des Vorurteils. Köln

Baumann/Ehrenwirt (Hrsg.) (1997): Heimat- und Sachkunde 4. München

Cloerkes, Günther (1997): Soziologie der Behinderten. Eine Einführung. Heidelberg

Foucault, Michel (1970): Die Ordnung des Diskurses. München

Foucault, Michel (1976): Mikrophysik der Macht. Berlin

Foucault, Michel (1978): Dispositive der Macht. Über Sexualität, Wissen und Wahrheit. Berlin

Foucault, Michel (1983): Der Wille zum Wissen. Sexualität und Wahrheit 1. Frankfurt/Main

Foucault, Michel (1994): Das Subjekt und die Macht. In: Rabinow, Paul/Dreyfuß, Hubert L.: Michel Foucault. Jenseits von Strukturalismus und Hermeneutik. Weinheim, S. 241-261

Foucault, Michel (1997): Die Archäologie des Wissens. Frankfurt/Main

Fromm, Martin (1986): Heimlicher Lehrplan. In: Lenzen, Dieter (Hrsg.): Enzyklopädie Erziehungswissenschaft, Bd. 3. Stuttgart, S. 524-528

Geiger, Klaus F. (1997): Interkulturelles Lernen mit Sozialkundebüchern? Kassel

Hessisches Kultusministerium (2002): Lehrpläne für die Bildungsgänge Hauptschule, Realschule, Gymnasium. IGS Handreichungen zu den Lehrplänen. Wiesbaden

Höhne, Thomas (2000a): Schulbuchwissen. Eine diskurs- und wissensanalytische Untersuchung zu soziokulturellem Wissen im Schulbuch am Beispiel der Darstellung von Migranten. Frankfurt/Main (unveröffentlichte Dissertation)

Höhne, Thomas/Kunz, Thomas/Radtke, Frank-Olaf (2000b): „wir" und „sie". Bilder von Fremden im Schulbuch. In: Forschung Frankfurt 2/2000. Frankfurt/Main, S. 16-25

Höhne, Thomas/Kunz, Thomas/Radtke, Frank-Olaf (1999): Bilder von Fremden. Formen der Migrantendarstellung als der „anderen Kultur" in deutschen Schulbüchern von 1981-1997. Zwischenbericht. Frankfurter Beiträge zur Erziehungswissenschaft. Frankfurt/Main

Jäger, Siegfried (1993): Kritische Diskursanalyse. Eine Einführung. Duisburg

Keller, Reiner (1997): Diskursanalyse. In: Hitzler, Ronald/Honer, Anne: Sozialwissenschaftliche Hermeneutik. Opladen, S. 308-334

Kron, Maria (1990): Kindliche Erfahrung von Behinderung. Wie Kindergartenkinder Behinderungen ihrer Altersgefährten wahrnehmen und verarbeiten. In: Geistige Behinderung 29 (1990), S. 20-29

Link, Jürgen (1999): Versuch über den Normalismus. Wie Normalität produziert wird. Opladen, Wiesbaden

Mattes, Wolfgang (1996): TEAM 1. Arbeitsbuch für den Politikunterricht. Paderborn

Percheux, Michel (1998): Über die Rolle des Gedächtnisses als interdiskursives Material. In: Geier, Manfred/Woetzel, Harold (Hrsg.): Das Subjekt des Diskurses. Berlin, S. 50-58

Pommering, Rolf/Ritter, Jutta (Hrsg.) (1996): Pusteblume. Das Sachbuch, 3. Schuljahr. Hannover

Preuss-Lausitz, Ulf/Heyer, Peter/Schöler, Jutta (1997): „Behinderte sind doch Kinder wie wir!" Gemeinsame Erziehung in einem neuen Bundesland. Berlin

Schildmann, Ulrike (2000): Forschungsfeld Normalität. Reflexionen vor dem Hintergrund von Geschlecht und Behinderung. In: Zeitschrift für Heilpädagogik 3/2000, Jg. 51, S. 90-94

Tervooren, Anja (o. J.): Sunflowers, Idealization and Beyond: Cognitive Disability and Representation (unveröffentlichtes Manuskript)

Titscher, Stephan/Wodak, Ruth/Meyer, Michael/Vetter, Eva (1999): Methoden der Textanalyse. Leitfaden und Überblick. Opladen, Wiesbaden

Die Autorinnen

Yvonne Büter, Lehramtsreferendarin, Studium der Sonderpädagogik an der Johann Wolfgang Goethe-Universität Frankfurt am Main. Examensarbeit: Normalität und Behinderung als ordnende Dispositive in der Pädagogik, Frankfurt 2000 (unveröffentlicht)

Vera Moser, PD Dr. phil., Hochschulassistentin am Fachbereich Erziehungswissenschaften der Johann Wolfgang Goethe-Universität Frankfurt am Main, Institut für Sonderpädagogik

Melanie Oswald, Sonderschullehrerin, Studium der Sonderpädagogik an der Justus-Liebig-Universität, Giessen und der Johann Wolfgang Goethe Universität, Frankfurt am Main. Examensarbeit: Mechanismen der Diskriminierung von Migrantenkindern im Regelschulsystem. Die Schule für lernbehinderte Kinder als Schule für Migrantenkinder? Frankfurt 2000 (unveröffentlicht)

Julia Roderburg, Lehramtsreferendarin, Studium der Sonderpädagogik an der Johann Wolfgang Goethe-Universität Frankfurt am Main. Examensarbeit: Schulische Integration behinderter Kinder und Jugendlicher im Spannungsfeld zwischen Gleichheit und Verschiedenheit, Frankfurt 2001 (unveröffentlicht)

Frankfurter Beiträge zur Erziehungswissenschaft
Fachbereich Erziehungswissenschaften der
Johann Wolfgang Goethe-Universität

Reihe Kolloquien:

Frank-Olaf Radtke (Hg.)
Die Organisation von Homogenität – Jahrgangsklassen in der Grundschule
Kolloquium anläßlich der 60. Geburtstage von Gertrud Beck und Richard Meier, Frankfurt am Main 1998
ISBN 3-9806569-0-X; 8,60 €

Frank-Olaf Radtke (Hg.)
Lehrerbildung an der Universität – Zur Wissensbasis pädagogischer Professionalität
Dokumentation des Tages der Lehrerbildung an der Johann Wolfgang Goethe-Universität, Frankfurt am Main 1999
ISBN 3-9806569-1-8 (vergriffen); veröffentlicht unter:
http://www.rz.uni-frankfurt.de/~bfischer/Lehrerbildung.pdf

Heiner Barz (Hg.)
Pädagogische Dramatisierungsgewinne – Jugendgewalt. Analphabetismus. Sektengefahr
Frankfurt am Main 2000
ISBN 3-9806569-2-6; 9,20 €

Gertrud Beck, Marcus Rauterberg, Gerold Scholz, Kristin Westphal (Hg.)
Sachen des Sachunterrichts
Dokumentation einer Tagungsreihe 1997 – 2000
Frankfurt am Main 2001
Korrigierte Neuauflage 2002
ISBN 3-9806569-3-4; 15,40 €

Brita Rang und Anja May (Hg.)
Das Geschlecht der Jugend – Dokumentation der Vorlesungsreihe Adoleszenz: weiblich/männlich? im Wintersemester 1999 / 2000
Frankfurt am Main 2001
ISBN 3-9806569-4-2; 15,85 €

Dagmar Beinzger und Isabell Diehm (Hg.)
Frühe Kindheit und Geschlechterverhältnisse.
Konjunkturen in der Sozialpädagogik
Frankfurt am Main 2003
ISBN 3-9806569-8-5; 18 €

Vera Moser (Hg.)
Behinderung – Selektionsmechanismen und
Integrationsaspirationen
Frankfurt am Main 2003
ISBN 3-9806569-9-3; 12,50 €

Reihe Forschungsberichte:

Thomas Höhne, Thomas Kunz, Frank-Olaf Radtke
Bilder von Fremden – Formen der Migrantendarstellung als der „anderen Kultur" in deutschen Schulbüchern von 1981-1997
Frankfurt am Main 1999 (vergriffen); veröffentlicht unter: http://www.rz.uni-frankfurt.de/~bfischer/VW-Zwischenber.pdf

Uwe E. Kemmesies
Umgang mit illegalen Drogen im ‚bürgerlichen' Milieu (UMID).
Bericht zur Pilotphase
Frankfurt am Main 2000 (vergriffen)

Oliver Hollstein, Wolfgang Meseth, Christine Müller-Mahnkopp,
Matthias Proske, Frank-Olaf Radtke
Nationalsozialismus im Geschichtsunterricht.
Beobachtungen unterrichtlicher Kommunikation
Bericht zu einer Pilotstudie
Frankfurt am Main 2002
ISBN 3-9806569-6-9; 10 €

Reihe Monographien:

Matthias Proske
Pädagogik und Dritte Welt – Eine Fallstudie zur Pädagogisierung
sozialer Probleme
Frankfurt am Main 2001
ISBN 3-9806569-5-0; 18 €

Thomas Höhne
Schulbuchwissen – Umrisse einer Wissens- und Medientheorie
des Schulbuchs
Frankfurt am Main 2003
ISBN 3-9806569-7-7; 16 €

Thomas Höhne, Thomas Kunz, Frank-Olaf Radtke
Bilder von Fremden – Formen der Migrantendarstellung als der
anderen Kultur in deutschen Schulbüchern von 1981-1997
Frankfurt am Main 2003 (Im Erscheinen)